"十四五"职业教育国家规划教材

"十三五"职业教育国家规划教材

21世纪职业教育规划教材·财经商贸系列

企业经营管理沙盘模拟教程
（第二版）

主　编　孟凡超
副主编　易　新　张芳芳
　　　　王旭东　景　丽

内 容 简 介

本书将企业经营的关键环节——战略规划、资金筹集、市场营销、产品研发、生产运作、物资采购、设备投资与改造、人力资源管理、会计核算与财务管理等设计为该课程的主体内容，按照构建仿真企业环境的要求，模拟真实企业的生产经营活动。本书前4部分内容以贝腾"经营之道"模拟系统为依托，旨在培养学生企业经营管理的基础知识、基本技能和系统思维；第5部分内容以贝腾"创业之星"模拟系统为依托，旨在进一步拓展学生企业经营管理的知识，提升其能力。本书突出了能力本位、项目化教学改革，层次清晰，内容简明，方便实用。

本书可作为初次接触该内容的职业院校管理类专业学生的教材，也可用于企业员工管理能力提升培训。

图书在版编目(CIP)数据

企业经营管理沙盘模拟教程/孟凡超主编. ——2版. ——
北京：北京大学出版社，2024.8. ——(21世纪职业教育规划教材). ——ISBN 978-7-301-35253-3
Ⅰ.F270.7
中国国家版本馆CIP数据核字第202422GR44号

书　　　名	企业经营管理沙盘模拟教程(第二版)
	QIYE JINGYING GUANLI SHAPAN MONI JIAOCHENG (DI-ER BAN)
著作责任者	孟凡超　主编
策 划 编 辑	李　玥
责 任 编 辑	李　玥
标 准 书 号	ISBN 978-7-301-35253-3
出 版 发 行	北京大学出版社
地　　　址	北京市海淀区成府路205号　100871
网　　　址	http://www.pup.cn　新浪微博：@北京大学出版社
电 子 邮 箱	编辑部 zyjy@pup.cn　总编室 zpup@pup.cn
电　　　话	邮购部 010-62752015　发行部 010-62750672　编辑部 010-62704142
印 刷 者	河北博文科技印务有限公司
经 销 者	新华书店
	787毫米×1092毫米　16开本　13印张　250千字
	2017年8月第1版
	2024年8月第2版　2024年8月第1次印刷
定　　　价	39.00元

未经许可，不得以任何方式复制或抄袭本书之部分或全部内容。
版权所有，侵权必究
举报电话：010-62752024　电子邮箱：fd@pup.cn
图书如有印装质量问题，请与出版部联系，电话：010-62756370

第二版前言

校企合作与工学结合是职业教育的内在要求，其核心在于将学习内容与工作实践紧密结合，通过工作实现学习。在企业管理类专业的教学中，我们迫切需要一种创新的教学方法：既能让学生全面学习、掌握企业管理知识，又能充分调动学生学习的积极性；同时，让学生身临其境，接触到企业经营管理的全过程，融角色扮演、决策分析、竞争合作于一体，真正感受一个企业经营管理者面临的市场竞争的精彩与残酷，体验承担责任和风险，在成功和失败中把握市场环境的变化，学习如何分析企业收益和可利用的各类资源，权衡利弊，统筹安排，在实践中学习知识、提高能力。

《企业经营管理沙盘模拟教程》（第二版）在编写时融入党的二十大精神，通过构建仿真企业环境，模拟真实企业的生产经营活动，把企业经营的关键环节——战略规划、资金筹集、市场营销、产品研发、生产运作、物资采购、设备投资与改造、人力资源管理、会计核算与财务管理等设计为该课程的主体内容，把企业经营所处的内外部环境抽象为一系列规则，由学生组成若干个相互竞争的管理团队，扮演不同的角色，共同面对变化的市场竞争环境，让学生参与到企业模拟经营的全过程之中。本书内容简明，层次清晰，方便、实用，可作为初次接触该内容的职业院校管理类专业学生的教材，也可用于企业员工管理能力的提升培训。

本书由东营职业学院孟凡超担任主编，东营职业学院易新、张芳芳，山东科瑞控股集团有限公司王旭东，杭州贝腾科技有限公司景丽担任副主编。孟凡超负责全书体例的设计及统稿，负责第1部分的编写；易新负责第2、3部分的编写；张芳芳负责第4、5部分的编写；王旭东负责企业模拟岗位的设计；景丽负责模拟经营规则的设计。本书前4部分内容以贝腾"经营之道"模拟系统为依托,旨在让学生理解和掌握企业经营管理的基础知识、基本技能和系统思维;第5部分内容以贝腾"创业之星"模拟系统为依托,旨在进一步拓展学生企业经营管理的知识,提升其管理能力,为其将来在商业领域的成功奠定坚实的基础。

在编写过程中,我们借鉴和参阅了沙盘模拟课程的其他相关教材,参考了金蝶软件公司相关软件使用操作说明等资料,在此向相关文献的作者表示感谢。由于时间和作者水平所限,疏漏及错误之处在所难免,恳请读者批评指正。

编 者

2024 年 5 月

本教材配有教学课件及其他相关教学资源,如有老师需要,可扫描右边的二维码关注微信公众号"北大出版社创新大学堂"(zyjy-pku)索取。

- 课件申请
- 样书申请
- 教学服务
- 编读往来

Contents

目 录

第 1 部分　导入篇	**1**
1.1　企业经营管理沙盘是什么	4
1.2　通过企业经营管理沙盘模拟，我们将获得哪些进步	6
1.3　我们怎么去学习	12
第 2 部分　创建企业篇	**13**
2.1　组建团队	16
2.2　岗位认知	18
第 3 部分　掌握规则篇	**23**
3.1　了解商业背景	26
3.2　熟悉经营规则	37
3.3　模拟经营流程	47
3.4　分析企业经营	60
第 4 部分　实战操作篇	**71**
4.1　企业第一季度的经营管理	74
4.2　企业第二季度的经营管理	85
4.3　企业第三季度的经营管理	94
4.4　企业第四季度的经营管理	103
4.5　企业第五季度的经营管理	111

4.6	企业第六季度的经营管理	120
4.7	企业第七季度的经营管理	128
4.8	企业第八季度的经营管理	136

第 5 部分　创新创业提升篇　　　　　　　　　　　　　　　149

5.1	经营能力提升	153
5.2	实战模拟操作	159
5.3	创新创业再思考	189

参考文献　　　　　　　　　　　　　　　　　　　　　　　199

第 1 部分

导 入 篇

 **思维导图**

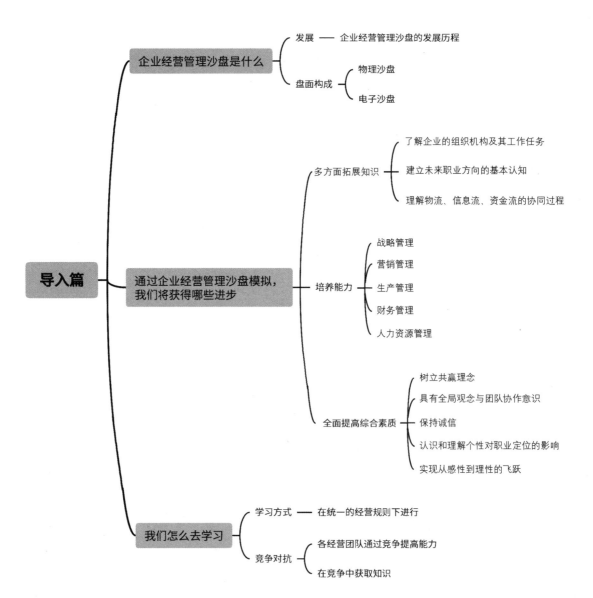

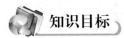

- 了解企业经营管理沙盘的类型；
- 知悉学习企业经营管理沙盘的收获；
- 掌握企业经营管理沙盘的学习过程。

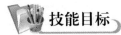

能够初识企业经营管理沙盘。

企业经营管理沙盘将企业经营的关键环节设计为沙盘的主要内容，形象直观、图文并茂。学生在模拟现实企业经营的过程中，感悟企业管理的真谛，提高自己的管理能力。通过本篇的学习，了解企业经营管理沙盘的类型、学习收获，并掌握相关的管理知识，提升自身素养。

1.1 企业经营管理沙盘是什么

对沙盘,我们并不陌生。例如,在战争片中双方将领在沙盘前运筹帷幄、指挥千军万马;在现实生活中,房地产开发商通常都会制作小区规划布局沙盘以利于房屋销售。沙盘比地图更加直观,可以给人亲临其境的感觉。

企业经营管理沙盘借鉴军事沙盘、建筑沙盘等其他沙盘的优势,将一个企业经营的关键环节——战略规划、资金筹集、市场营销、产品研发、生产运作、物资采购、设备投资与改造、人力资源管理、会计核算与财务管理等设计为沙盘的主要内容,形象直观,图文并茂。学员在模拟现实企业经营的过程中,感悟企业管理的真谛,掌握企业管理知识,提高自身素质。

企业经营管理沙盘分为物理沙盘和电子沙盘两大类。物理沙盘(见图1.1.1)是指通过各类道具来构建企业经营管理的立体模型,模拟企业的各种经济活动。其道具主要包括沙盘盘面、订单卡片、游戏币以及盛币的空桶等。电子沙盘(见图1.1.2)是指通过计算机网络系统来模拟企业经营的软件,它有展示内容广、手段先进、科技含量高、互动性强等优点。

> **知识拓展**

沙盘模拟训练起源于美国哈佛大学的 MBA 教学,是一种融合了知识性、趣味性和对抗性的企业管理技能训练课程。该训练在20世纪90年代开始在欧洲、日本以及其他发达国家和地区的企业和教育界流行。沙盘模拟课程在国外通常被称为 Simulation 课程,由于其模拟了真实的商业环境并具有强烈的实战性,故被译为"沙盘模拟""模拟经营""商业模拟"等。其中"沙盘模拟"这一术语得到了最广泛的认可,而"ERP沙盘"是部分ERP软件厂商专门使用的名称。

Simulation 课程大致可分为两类:棋盘类沙盘(国内又称"物理沙盘")和软件模拟类沙盘(国内又称"电子沙盘")。

第一代企业经营管理沙盘系统主要采用物理沙盘,并采用手工操作的模式。第二代企业经营管理沙盘系统结合了物理沙盘和Excel表的操作模式,也包括了纯电子沙盘的参数设置。第三代企业经营管理沙盘系统则是棋盘类沙盘和软件模拟类沙盘的结合。

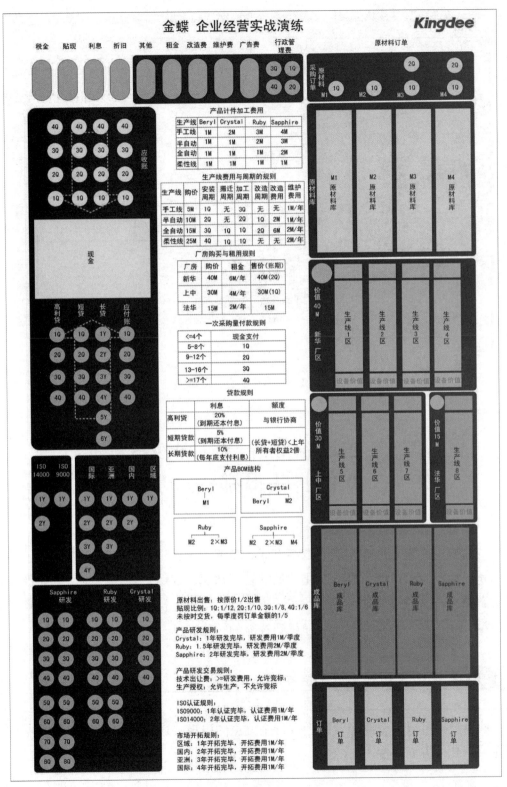

图 1.1.1 物理沙盘盘面举例

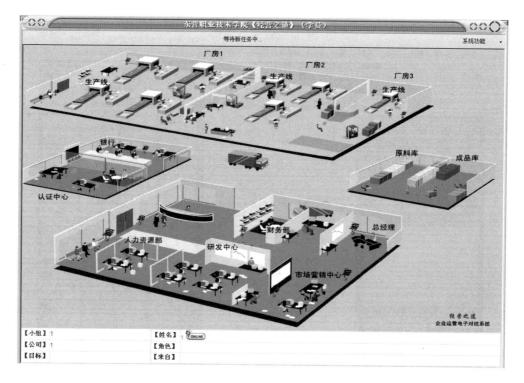

图 1.1.2　电子沙盘盘面举例

1.2 ■ 通过企业经营管理沙盘模拟，我们将获得哪些进步

沙盘模拟作为一种体验式的教学方式，是继传统教学及案例教学之后的一种教学创新。借助沙盘模拟，可以强化学员的管理知识、训练其管理技能、全面提高其综合素质。沙盘模拟教学融理论与实践于一体、集角色扮演与岗位体验于一身，可以使学员在参与、体验中完成从知识到技能的转化。

1.2.1　多方位拓展知识，培养能力

沙盘模拟可以对企业经营管理进行全方位的展现。通过模拟经营体验，我们可以在以下几个方面获益：

1. 全方位认知企业

我们将了解企业的组织机构设置、各管理机构的职责和工作任务，对未来的职业方向建立基本认知。通过企业经营管理沙盘模拟了解企业管理体系和业务流程，理解物流、信息流、资金流的协同过程。

2. 战略管理

成功的企业往往建立在明确而深思熟虑的企业战略之上，这些战略覆盖了产品、市场、竞争以及资金运用等多个关键领域。从战略的初步构思到最终目标的圆满实现，它覆盖了企业经营的每一个关键环节。在这个模拟经营的过程中，我们可能会经历一段时期的迷茫，遭遇挫折，进行不断的探索。但正是这些经历，将教会我们如何运用战略思维来审视企业的业务流程和经营决策。我们将学习如何确保企业的业务活动与既定战略保持一致，从而在未来的职业生涯中，追求并实现更多基于战略的、可持续的成功，而非依赖于偶然的机会获得成功。

概念链接

什么是企业战略？

在西方，"战略"一词来源于希腊语"strategos"，意为军事将领、地方行政长官，后来演变成军事术语，指军事将领指挥军队作战的谋略。

在中国，"战略"一词历史久远，"战"指战争，"略"指"谋略"。春秋时期孙武的《孙子兵法》被认为是中国最早对战略进行全局筹划的著作。一般意义上的战略，泛指一个组织为了实现它的长远目标和重要使命而做的带有全局性、长远性和根本性的行动谋划和策略。将战略运用到企业经营管理中，便是企业战略，它是指导企业行为的总体规划，是企业在一定时期内带有全局性的方针政策。

3. 营销管理

市场营销是企业通过价值创造、传递和交换来不断满足客户需求的动态过程。企业的所有经营行为和资源配置均以满足客户需求为核心目标。在模拟经营中，我们将系统地学习如何进行细致的市场分析、密切关注竞争对手的策略、准确把握消费者需求、制定和执行有效的营销战略、精准定位目标市场，并据此制订和执行销售计划。通过这一系列的学习活动，我们将培养能够将营销理念转化为实际业绩的能力，最终实现企业的长期战略目标。

4. 生产管理

在模拟经营中，我们将采购管理、生产管理、质量管理等关键环节整合至生产管理的统一框架下。这种整合策略使得新产品研发、物资采购、生产运作管理、品牌建设等多维度的问题背后的决策点自然地呈现在我们面前，有效地跨越了传统的专业分隔和部门壁垒。在这个过程中，我们将充分运用所学的理论知识，积极地进行思考和分析。通过在实践中经历的一系列成功与失败，我们不仅能够获得宝贵的新知识，还能够在实际操作中不断提升我们的决策能力和问题解决能力。

5. 财务管理

在模拟经营中，我们将透彻理解资产负债表、利润表和现金流量表的结构，以及它们之间的关系；掌握资本流转对企业损益的影响，以及如何通过资本运作优化财务状况；解读企业经营的全局，从宏观角度审视企业的财务健康状况和经营效率；准确预估企业的长短期资金需求，确保企业经营的流动性和财务安全；以最佳方式进行筹资活动，平衡资金成本与企业需求，实现资金的有效配置；控制融资成本，优化财务杠杆，以支持企业的可持续发展；提高资金使用效率，通过精细化管理提升企业的投资回报率；理解现金流对企业日常经营和长期发展的重要性，确保企业财务的稳健性。通过这些财务管理的实践，我们将提升自身的财务分析和决策能力，增强对企业财务战略的洞察力。

6. 人力资源管理

在模拟经营中，从岗位分工的明确化、职位定义的清晰化，到沟通协作的有效性、工作流程的优化，直至绩效考评的公正性，在每一步中团队成员的作用都至关重要。每个团队在初期组建后，会经历短暂的磨合期，随后逐渐培养出成员间的默契，最终完全进入高效协作的状态。在这个发展过程中，我们可能会遇到各自为战导致的效率低下、无效沟通引发的无休止争论，以及职责不明确造成的秩序混乱等问题。这些问题的出现，实际上是对团队协作的一次深刻考验，它们促使我们深刻理解到局部最优解并不等同于整体最优解的真理；学会从他人的角度思考问题，实现换位思考；明确认识到，只有在组织的所有成员都拥有共同的愿景，朝着统一的绩效目标努力，遵循既定的工作规范，并且在相互信任和支持的环境中工作时，企业才能够实现真正的成功。

1.2.2 全面提高综合素质

作为企业经营管理仿真教学系统，沙盘模拟还可以用于综合素质训练，使我们在以下方面获益：

1. 树立共赢理念

市场竞争是激烈的，也是不可避免的，但竞争并不意味着你死我活。寻求与合作伙伴之间的双赢、共赢才是企业发展的长久之道。这就要求企业知己知彼，在市场分析、竞争对手分析上做足文章，在竞争中寻求合作，企业才会有无限的发展机遇。

2. 具有全局观念与团队协作意识

通过沙盘模拟对抗课程的学习，我们可以深刻体会到团队协作精神的重要性。在企业经营这样一艘大船上，总经理是舵手，财务总监、研发总监保驾护航，市场总监、生产总监冲锋陷阵……在这里，每一个角色都要以企业总体最优为出发点，各司其职，相互协作，才能赢得竞争，实现企业发展目标。

3. 保持诚信

诚信是企业成功的基石，保持诚信是企业可持续发展的核心原则。在模拟经营中，这一原则体现为对既定"游戏规则"的严格遵守。这些规则涵盖市场竞争、产能计算、生产设备购置以及产品转产等业务操作。此外，保持诚信也是个人立足社会、实现自我发展的基本素质。它要求个人在职业行为中展现出诚实、可靠和负责任的态度，无论是在内部团队合作还是在外部业务交往中。

因此，无论是在模拟经营的过程中，还是在未来的职业生涯里，坚持诚信原则对于构建个人品牌、赢得他人信任以及推动企业和个人长期发展都至关重要。

4. 认识和理解个性对职业定位的影响

个体独特的性格特征构成了人类多样性的基础，这些特征在企业经营管理沙盘模拟的对抗性演练中得到了明显的体现。在分组进行模拟对抗的过程中，我们观察到不同的团队展现出截然不同的风格：有的团队行动迅速，充满活力；有的则采取稳健的策略，步步为营；还有的团队可能在压力下显得迷茫，缺乏方向。尽管个性特点与个体在特定职业角色中的适应性和胜任力存在一定的关联，但在现实职场中，个人的职业选择并不总是基于兴趣或激情，更常见的情况是，个体需要在特定的职业领域内找到自己的立足点，并通过不断学习和适应来培养自己对工作的热情。

因此，认识和理解个性对职业定位的影响，以及如何在所从事的职业中发挥个性优势，对于个人职业发展至关重要。这要求我们不仅要认识到个性在职业选择中的作用，还要学会如何在不同的工作环境中调整自己的行为，以更好地适应职业角色的要求，实现个人与职业的最佳匹配。

5. 实现从感性到理性的飞跃

在模拟经营的过程中，我们经历的是一个循环往复的学习和提升过程：从理论学习出发，通过实践活动深化理解，再将实践中获得的知识经验反馈到理论模型的构建中。每一次的案例分析，无论是基于现场情境的讨论，还是基于数据分析的企业诊断，都为我们提供了宝贵的学习机会。这些活动不仅锻炼了我们的商业决策敏感度，还提升了我们的决策质量和长期规划能力。

通过这种从感性认识到理性分析的飞跃，我们能够更深刻地理解企业经营的复杂性，学会如何在不确定性中做出明智的决策，并为未来的管理实践打下坚实的基础。

知识拓展

企业经营要有战略眼光
——华为鸿蒙七年砥砺的研发征程[①]

1. 鸿蒙的诞生

2012 年，华为技术有限公司（以下简称"华为"）组建了专属的手机操作系统团队，踏上了自研系统的漫漫征途。彼时，手机操作系统的市场格局已然稳固，开源的安卓雄踞一方，IOS 和 WP 也各占一席，留给华为的空间可谓微乎其微。要知道，系统的研发不仅需要巨额且源源不断的资金投入，还依赖持续的技术攻坚，其难度堪称巨大。正因如此，业界对华为自主研发系统大多持悲观态度，甚至不乏冷

---

① 本文根据网络资料改编而成。

嘲热讽。

当时，任正非的长远战略眼光未被众人理解。在自研芯片和操作系统方面，任正非展现出坚定的自信，高瞻远瞩地制定应对未来不确定性的战略规划。然而，那时更多的声音是质疑与讥讽。

华为鸿蒙系统的研发之路充满了艰辛。技术难题层出不穷，团队成员夜以继日地攻克一个又一个难关。在资源有限的情况下，他们需要不断尝试新的方法和技术路径。例如，为了提升系统的性能和稳定性，研发人员进行了无数次的模拟测试和优化，常常在实验室里度过一个个不眠之夜。

2. "备胎"转正

2019年5月15日，美国将华为及其附属企业列入管制的"实体名单"。紧接着，"安卓不再支持华为手机"的消息瞬间在微博掀起轩然大波，众人忧心忡忡，担心华为会因美国的制裁而被扼住发展的咽喉，遭受灭顶之灾。

不久，华为官方发布重磅消息，证实正在自主研发系统，并将其命名为"鸿蒙"。《辞海》对"鸿蒙"的解释是"宇宙形成前的混沌状态"。在中国神话传说中，远古时期，盘古开天辟地之前，世界混沌未开，那个时代便被称作"鸿蒙时代"。

至此，这个曾经的"备胎"终于登上了历史的舞台，迎来了转正的时刻。

3. 不同于安卓的鸿蒙

与安卓系统相比，鸿蒙系统在智能设备领域的应用更为广泛和深入。它不仅在智能手机上展现出卓越的性能，更在智能穿戴设备、智能家居、工业自动化等多个领域发挥着重要作用。例如，在智能家居领域，鸿蒙系统能够与各种家电设备进行智能联动，实现家庭环境的智能化管理。

在智能汽车领域，鸿蒙系统的应用更是突破了传统汽车的局限。它通过与车辆的深度集成，不仅能够实现车辆信息的实时监控和远程控制，还能够与车载娱乐系统、导航系统等进行无缝对接，为用户提供更加丰富和个性化的驾驶体验。此外，鸿蒙系统还支持与智能交通系统的互联互通，为智能驾驶和车联网技术的发展提供了强有力的支持。

随着5G、物联网等新技术的快速发展，鸿蒙系统在智能设备领域的应用前景将更加广阔。它将不断推动智能设备之间的互联互通，为用户带来更加便捷、智能的生活方式。同时，鸿蒙系统也在不断优化和升级，以适应不断变化的市场需求和技术进步，为用户提供更加稳定、安全、高效的使用体验。

1.3 我们怎么去学习

作为一种体验式的教学方式，企业经营管理沙盘模拟有着与传统教学截然不同的学习方式。传统的教学方式是教师把学生当作知识的容器，学生被动地接受教师的灌输；而在沙盘模拟教学方式下，学生将会成为学习的主人，在统一的游戏规则下，自己的经营团队同其他同学组成的经营团队进行对抗，在对抗中提高能力、获取知识。

我们学习的过程是这样的：

（1）组建自己的经营团队，团队成员之间进行科学、合理的分工。

（2）熟悉企业经营管理沙盘模拟的市场规则。

（3）熟悉企业经营管理沙盘模拟的企业经营规则。

（4）熟悉企业经营管理沙盘模拟的操作规则。

（5）制定自己企业的经营战略和战术。

（6）在同一市场条件下，自己的企业与其他企业进行长达八个经营季度的竞争。

（7）每个经营季度结束，总会出现"几家欢乐几家愁"的情况，团队成员一起分析原因，调整策略，继续竞争。

（8）模拟经营结束，查看自己企业的经营成果。

（9）反思：在沙盘模拟经营中我们学到了什么？有哪些值得肯定的地方？有哪些决策是失误？今后将如何努力？

第 2 部分

创建企业篇

思维导图

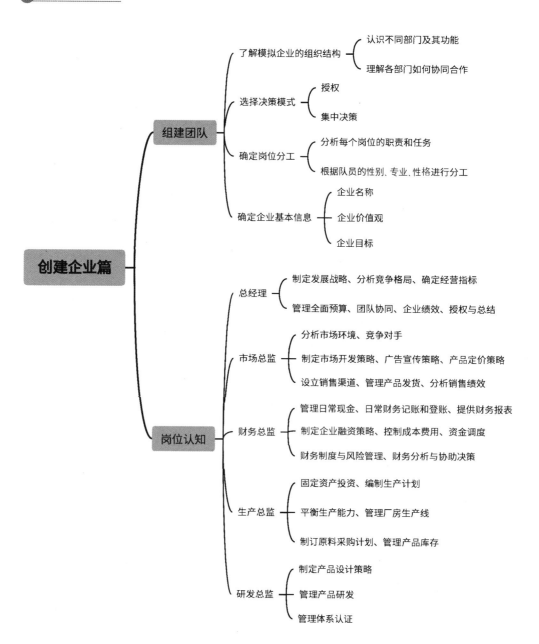

知识目标

➢ 了解企业常见的岗位；
➢ 明确各岗位的职责。

 **技能目标**

能够根据实际情况初步创建企业，并根据职责进行分工和角色分配。

本章导读

好的企业管理团队是提升竞争优势的关键因素。在本篇中，将重点介绍如何创建企业管理团队，怎样设立企业的长远目标及价值观，企业常见的岗位都有哪些，以及团队成员各自的角色职责分别是什么。

在本篇的学习中，你的团队将接受投资股东的委托，经营一家初创企业，并进入竞争激烈的手机制造市场。

你和你的团队成员将分别担任新企业的总经理、市场总监、财务总监、生产总监、研发总监等角色，组建新企业的管理层，并在变幻莫测和竞争激烈的市场环境中谋求生存和发展。所有参加本部分学习的其他团队将是你强有力的竞争对手。面对竞争激烈的市场环境，企业的管理团队现在必须做出竞争分析、渠道开发、市场营销、产品研发、品牌设计、财务预算、成本控制、经营分析、绩效改进等各项经营决策并有效执行。所有这些经营决策将以任务的形式，通过模拟经营系统发布给各个团队。

在为期八个季度①的模拟经营实战中，每家企业都需要对各项任务进行分析和讨论，最终形成企业的经营决策，并输入模拟经营系统中。

通过八个季度的经营管理与市场竞争，你和你的团队应尽可能地实现企业价值的最大化，并在与其他团队的激烈竞争中保持企业的发展、壮大。是给股东带来丰厚投资回报，还是经营困难甚至面临破产？企业的命运就掌握在你的手中，它的兴衰荣辱将由你和你的团队来把握！

准备好了吗？让我们开始一场紧张刺激的经营之旅吧！

2.1　组建团队

你和你的团队成员将有机会经历一家企业从创立到发展、壮大的整个过程，这将是一次有趣而又刺激的经营之旅。在开始模拟经营之前，你必须和你的团队成员讨论并确定你的企业的组织结构。你和你的团队成员可以自己选择合适的决策模式：授权或是集中决策。预祝你的企业能在激烈的市场竞争中取得优异的业绩！

概念链接

什么是授权？

授权是指在不影响个人原来的工作责任的前提下，将自己的某些责任分派给另一个人，并给予执行过程中所需要的职务上的权力，即领导者授予下属一

---

① 模拟经营软件中的"季度"并非传统意义的"以三个月作为计算单位"，指的是虚拟的经营周期。为了帮助读者更好地应用贝腾"经营之道"模拟系统，本书采用模拟系统中对"季度"一词的特定用法。

定的权力和责任，使下属在一定的监督下，有一定的自主权去完成被授予的任务。授权的实质是让别人去做原本属于自己的事情，自身仍有最终的责任。

授权是一种管理艺术，它有助于减轻领导者的压力，有利于发挥下属的才干和专长，提高领导的工作效率。

各模拟企业在正常情况下员工人数为 4～7 人，一般设立总经理、市场总监、财务总监、生产总监、研发总监等岗位，可根据实际人数增减岗位。各个团队可自由选择以何种方式确定具体岗位人选，并讨论、确定企业的基本情况，最后将讨论结果填入表 2.1.1 中。建议各个团队根据队员的性别、专业、性格进行分工，以达到最佳团队合作效果。

表 2.1.1 企业基本情况说明

企业序号：

企业基本信息	企业名称			
	企业价值观			
	企业目标			
岗位角色	总经理			
	市场总监		财务总监	
	生产总监		研发总监	
	其他角色			

概念链接

什么是企业价值观？

企业价值观是指企业及其员工所共享的价值取向，它体现了企业在追求经营成功的过程中所推崇的基本信念和奉行的目标。在哲学上，价值观是关于对象对主体有用性的一种认知。具体到企业层面，企业价值观是企业全体或多数员工共同认同的关于企业存在意义的根本判断。简而言之，企业价值观是决策者基于对企业性质、目标和经营方式的理解所做出的取向选择,是被员工广泛接受的共同理念。

企业价值观通常包括以下几个方面的重要特征和作用:

1. 导向作用:为企业的发展指明方向,帮助企业明确自身的使命、愿景和战略目标,引导企业做出符合其核心价值的决策和行动。

2. 凝聚作用:能够将企业内部的员工紧密团结在一起,使大家拥有共同的信念和追求,增强员工的归属感和忠诚度,从而形成强大的团队凝聚力。

3. 激励作用:优秀的企业价值观能够激发员工的积极性和创造力,让员工在工作中感受到自身价值的实现,从而更加投入地为企业创造价值。

4. 约束作用:通过明确的价值准则,规范员工的行为,使员工明白什么是企业所倡导的,什么是企业所禁止的,从而避免不当行为的发生。

5. 塑造形象:向外展示企业的独特文化和价值取向,有助于树立良好的企业形象,提升企业在市场中的声誉和竞争力。

其中,总经理的人选需要准备一段约 3 分钟的演讲,向大家介绍自己的企业。演讲要求生动、形象、富有活力,并能让人记忆深刻。

2.2 岗位认知

2.2.1 总经理

企业所有的重大决策均由总经理带领团队成员共同做出,如果意见不一致,总经理拥有最终的决策权。在整个经营季度中,总经理还要负责时时调整、优化企业流程与结构,以达到最佳绩效。

总经理的具体职责如下:
- 制定发展战略
- 分析竞争格局
- 确定经营指标

- 管理全面预算
- 管理团队协同
- 管理企业绩效
- 管理授权与总结

2.2.2 市场总监

市场总监一方面要积极分析现有市场环境，把握机会，制订有效的营销计划并实施；另一方面，要结合自身情况，认真分析竞争对手，例如，对手已开发或正开发的市场有哪些，订单有多少，宣传费用有多少，生产线都有哪些，等等。知己知彼，为以后的生产、营销提供依据。

市场总监的具体职责如下：

- 分析市场环境
- 分析竞争对手
- 制定市场开发策略
- 制定广告宣传策略
- 制定产品定价策略
- 设立销售渠道
- 管理产品发货
- 分析销售绩效

2.2.3 财务总监

财务总监主要负责对企业资金进行有效的管理：一方面，参与企业重大决策，支付日常费用，合理运用资金，管理好企业现金流；另一方面，进行资金的有效预测，积极筹资，保障企业正常运转。

财务总监的具体职责如下：

- 管理日常现金
- 日常财务记账和登账
- 提供财务报表
- 制定企业融资策略
- 控制成本费用

- 资金调度
- 财务制度与风险管理
- 财务分析与协助决策

2.2.4 生产总监

生产总监是生产部门的核心人物，对企业的生产活动负有全责。生产总监监控企业生产经营的正常运行，负责厂房与生产线的选择、购置、投产、变更、维护、出售，以及原料采购、库存管理等工作。

生产总监的具体职责如下：
- 固定资产投资
- 编制生产计划
- 平衡生产能力
- 管理厂房生产线
- 制订原料采购计划
- 管理产品库存

2.2.5 研发总监

研发总监主要负责产品设计、研发投入以及管理体系认证工作，以辅助企业正常生产、销售。

研发总监的具体职责如下：
- 制定产品设计策略
- 管理产品研发
- 管理体系认证

习　　题

1. 下列选项中属于总经理的职责的是（　　）。
   A. 制定发展战略　　　　　　　B. 分析竞争格局
   C. 管理全面预算　　　　　　　D. 资金调度
2. 下列选项中不属于市场总监的职责的是（　　）。

A. 分析市场环境 B. 设立销售渠道
C. 管理企业绩效 D. 分析销售绩效

3. 下列选项中属于财务总监的职责的是（　　）。
   A. 管理日常现金 B. 控制成本费用
   C. 资金调度 D. 固定资产投资

4. 下列选项中不属于生产总监的职责的是（　　）。
   A. 编制生产计划 B. 制订原料采购计划
   C. 控制成本费用 D. 管理产品库存

第 3 部分

掌握规则篇

思维导图

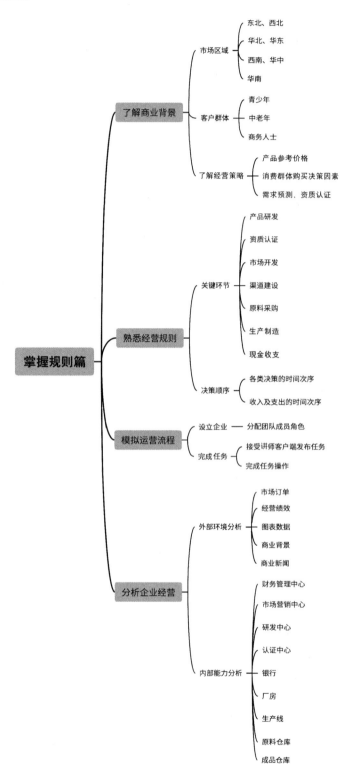

知识目标

➢ 了解多项商业背景；
➢ 熟悉各项经营规则；
➢ 掌握模拟经营流程；
➢ 学会企业经营分析方法。

技能目标

能够灵活运用商业背景和经营规则，模拟企业经营。

本章导读

在前一部分创建好企业之后，每个团队将模拟经营八个季度，并在不同的季度中需要完成若干项决策任务。这些任务涉及行业动态信息研究、研发资质认证、设计产品特性、调整销售渠道、调整厂房设备、采购产品原料、安排生产任务、制定产品价格、产品配送运输、支付各项管理费用等企业经营的各个环节。在掌握规则篇，我们将重点介绍企业面临的商业背景信息、各项经营规则、各个经营流程，并尝试分析企业的经营结果。

3.1 了解商业背景

你与你的团队成员即将经营一家新创立的手机制造企业。在企业经营之初，你们将拥有一笔来自股东的 300 万元创业资金，用以组建各自的虚拟企业。虚拟企业将经营八个季度，每个季度包含了若干项决策任务。

每个团队都需要仔细讨论每一项决策任务，并将最终方案输入模拟系统中。希望你的企业在经营了八个季度后，成为本行业的佼佼者。

3.1.1 市场环境

你的企业将有七个市场区域可供选择，分别是华东市场、东北市场、华北市场、西北市场、西南市场、华中市场、华南市场。不同的市场区域的市场环境各不相同，各团队需要认真分析和判断。

所有企业目前均具备相同的资源及新产品研发能力。企业生产的每个产品都将由在这些区域设立的销售网点进行销售。

> **概念链接**
>
> #### 什么是市场环境？
>
> 市场环境是指影响市场结果（价格、数量、利润及福利）的所有因素。它包括市场参与者（消费者和竞争对手）的理念、现有的以及潜在的竞争对手的数量、每家企业的生产技术，以及潜在的竞争对手进入本行业的成本和速度等。一般市场环境具体包括政治环境、法律环境、经济环境、技术环境、文化环境和自然地理环境等。
>
> 市场环境的变化既可以给企业带来市场机会，也可以形成某种威胁。如何认识自身所处的市场环境，自觉适应市场变化，力争在复杂多变的市场环境中发展壮大，就成为每一家现代企业在运行过程中需要思考的问题。只有做好市场环境分析，清楚自己在市场中的地位和作用，了解市场需求，及时调整自己的产品结构、产品数量，才能使企业在市场上做到供有所需、产有所销，保持旺盛的生命力。

3.1.2 目标客户群体

企业针对的目标客户群体被限定为三类，分别是青少年客户群体、中老年客户群体、商务人士客户群体[①]。在竞争初期，所有企业都具备针对青少年客户群体的产品参考生产技术。针对另外两类客户群体的产品，需要提前投入费用和时间完成产品研发后，才能进行设计、生产，并进行市场推广、销售。

总体来说，这三类客户群体对产品价格的敏感程度和需求有很大的不同，所以，针对每一类客户群体，你的企业需要依其不同的需求而采用不同的产品设计策略。

1. 青少年客户群体

青少年客户群体的需求特点：
- 追求时尚，个性张扬，喜欢新鲜事物；
- 对产品的性能需求相对简单，更关注产品带来的潮流感和满足感。

2. 中老年客户群体

中老年客户群体的需求特点：
- 对产品价格比较敏感，价格是重要的参考因素之一，但并不是绝对因素；
- 更偏向经济实用且易于使用和维护的产品。

3. 商务人士客户群体

商务人士客户群体的需求特点：
- 很愿意为高端产品支付高价格；
- 追求高性能的产品以满足商务需要。

图3.1.1—图3.1.3是不同客户群体的需求分析，项目的数值越大说明消费者的关注度越高，项目的数值越小说明消费者的关注度越低，但并非不关注。每家企业都应该尽量设计出更符合消费者需求的产品，使产品适销对路。良好的产品设计与准确的市场定位对提高产品的销量会有很大的帮助，反之则可能使产品滞销。

---

① 在现实生活情境中，中老年客户群体与商务人士客户群体存在一定程度的重叠。为了帮助读者更好地运用贝腾"经营之道"模拟系统，本书依循模拟系统对目标客户群体所做的分类。

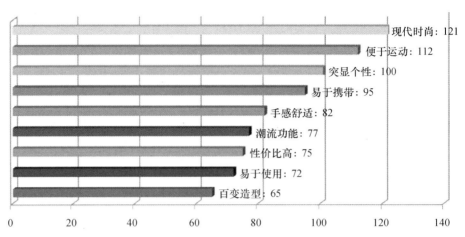

图3.1.1　青少年客户群体需求分析

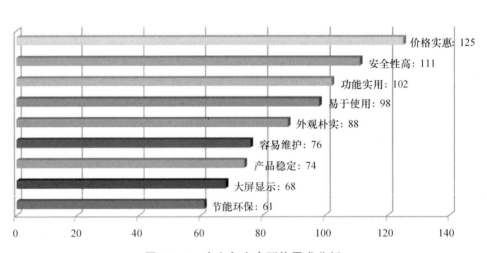

图3.1.2　中老年客户群体需求分析

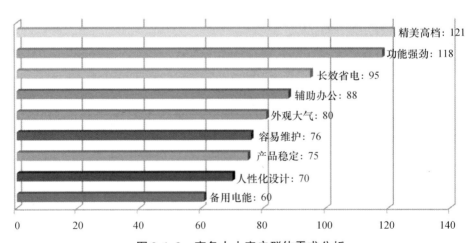

图3.1.3　商务人士客户群体需求分析

3.1.3 产品参考价格

经过专业市场调研机构的初步调查,我们了解到不同消费者对产品价格的接受范围是有差异的。表3.1.1展示了不同市场区域、不同消费群体愿意为某一产品支付的参考价格。该价格是在一定的调查样本的基础上做出的估计值,在估计上会偏乐观,未必完全准确,实际参考价格以销售当季度为准。系统规定了产品的最高限价,产品在定价时不能超过最高限价。

表 3.1.1 产品参考价格

单位:元/箱

市场区域	消费群体	参考价格	最高限价
华东市场	青少年客户	620	885
	中老年客户	810	1 075
	商务人士客户	1 045	1 310
东北市场	青少年客户	555	820
	中老年客户	735	1 000
	商务人士客户	975	1 240
华北市场	青少年客户	570	835
	中老年客户	775	1 040
	商务人士客户	1 005	1 270
西北市场	青少年客户	555	820
	中老年客户	735	1 000
	商务人士客户	975	1 240
西南市场	青少年客户	555	820
	中老年客户	735	1 000
	商务人士客户	975	1 240

(单位：元/箱）续表

市场区域	消费群体	参考价格	最高限价
华中市场	青少年客户	570	835
	中老年客户	775	1 040
	商务人士客户	1 005	1 270
华南市场	青少年客户	605	870
	中老年客户	795	1 060
	商务人士客户	1 030	1 295

3.1.4 消费群体购买决策因素

不同市场区域的消费群体，通常参考以下因素来确定最终购买哪家企业的产品。

（1）参与竞争企业的产品特性差异：越符合消费群体预期需求的产品，被购买的可能性越大。

（2）区域广告投入：广告投入只影响当前季度的销售情况，无累积效应。当前季度广告投入越多，产品被购买的可能性越大；每家企业在某个区域内的广告投入效果与所有参与该区域竞争的企业广告的总体投入额度密切相关，企业的广告投入占行业比重越大，产生的效果越明显，反之则越弱。

（3）产品销售价格（定价）：每个区域的消费群体都有心理最佳承受价（参考价格），企业在产品参考价格的基础上适当降价将有利于产品销售，但过低的价格可能使消费群体质疑产品的品质，从而导致产品的销量降低。

（4）销售网点能力：每家企业在不同市场区域的销售网点总能力也是必须参考的因素，若网点销售能力不足，将对整体销售形成瓶颈制约。由于市场容量具有固定性，故设立过多的销售网点并不能提高产品的销量。

概念链接

什么是市场容量？

市场容量即市场需求量，是指市场对某种产品在一定时期、一定地域内的最大需求量。市场容量是在一定时期、一定市场区域内和一定市场环境下，由有支付能力的购买者或用户的购买能力所决定的。

市场容量应与供应量保持一定的平衡。掌握市场需求，了解市场的发展规模、水平和趋势，有助于企业确定自身发展目标，使微观经济更加适应宏观经济发展的需求。

知识拓展

海尔的市场竞争策略

海尔作为一个国际知名的家电品牌，在面对激烈的市场竞争时，采取了一系列创新和有效的市场营销策略，以巩固其市场领导地位。

一、市场定位与品牌建设

海尔从一开始就明确了其市场定位——追求高品质和创新。通过不断的技术革新和质量管理，海尔成功塑造了一个可靠和专业的品牌形象。海尔不仅注重产品质量，也致力于提升用户体验和服务质量，这使得其在消费者中间建立了良好的口碑。

二、产品创新策略

海尔深知创新是企业发展的核心驱动力。因此，它不断推出符合市场需求和消费趋势的新产品。例如，针对年轻消费者的个性化需求，海尔推出了许多具有智能互联功能的家电产品。此外，针对环保趋势，海尔还推出了节能减排的绿色家电产品。这些创新产品不仅满足了市场的需求，而且加强了海尔在市场上的竞争优势。

三、市场细分与定制化服务

海尔意识到不同市场和消费群体的需求不同，因此采取了市场细分策略。它通过对市场进行细分，针对不同的消费群体设计和推广特定的产品。比如，针对高端市场，海尔推出了高端电器品牌——卡萨帝，以满足特定消费群体的需求。同时，海尔还提供定制化服务，进一步增强了与消费者的联系。

四、全球化策略

海尔不仅在中国市场取得成功，还积极拓展国际市场。通过并购、建立海外工厂和研发中心等方式，海尔成功进入了欧洲、北美等国际市场。在这些市场中，海尔依然坚持其高品质和创新的品牌策略，逐渐赢得了国际消费者的认可。

五、数字化营销策略

随着数字技术的发展，海尔也积极采用数字化营销策略。通过社交媒体、在线平台和移动应用，海尔与消费者建立了更直接的联系。这不仅提高了海尔的品牌知名度，也使其能更快地响应市场变化和消费者需求。

海尔在市场营销方面的成功，归功于其对市场动态的敏锐洞察、对消费者需求的深入理解、坚持不断的产品创新以及有效的品牌建设。海尔向我们展示了在激烈的市场竞争中，如何通过有效的市场营销策略来保持和增强市场竞争力。

3.1.5 需求预测

企业在第一季度处于筹建期，主要是做好企业战略与投资规划，没有市场销售活动。表3.1.2提供了企业从第一季度到第八季度的产品需求总量预测（以两个企业的订单规模为例），该总量是在一定调查样本基础上做出的预估值（在估计上会偏保守，未必完全准确，仅供参考）。

表 3.1.2　产品需求总量预测

单位：箱

市场区域	消费群体	估计总量	备注
华东市场	青少年客户	37 640	
	中老年客户	26 086	
	商务人士客户	27 666	
东北市场	青少年客户	27 200	
	中老年客户	21 950	
	商务人士客户	17 505	
华北市场	青少年客户	27 725	
	中老年客户	29 216	
	商务人士客户	30 905	
西北市场	青少年客户	25 070	
	中老年客户	18 467	
	商务人士客户	14 865	
西南市场	青少年客户	26 835	
	中老年客户	19 207	
	商务人士客户	18 771	
华中市场	青少年客户	27 339	
	中老年客户	27 947	
	商务人士客户	17 926	
华南市场	青少年客户	24 508	
	中老年客户	24 449	
	商务人士客户	24 870	

3.1.6　资质认证

党的二十大报告指出："加快构建新发展格局，着力推动高质量发展任务""推动绿色发展，促进人与自然和谐共生"。这对所有相关的生产企业在预防污染、节能减排、提高资源能源利用率等方面提出更高的要求。在将来，凡是未通过 ISO 9000 质量管理体系认证或 ISO 14000 环境管理体系认证的企业，其产品在一些特定的市场将不允许销售。

> **概念链接**
>
> **什么是 ISO 9000 质量管理体系认证？**
>
> 质量管理体系认证是由西方的质量保证活动发展起来的。
>
> 1959 年，美国国防部向国防部供应局下属的军工企业提出了质量保证要求，要求承包商"应制定和保持与其经营管理、规程相一致的有效的和经济的质量保证体系"，"应在实现合同要求的所有领域和过程中充分保证质量"，并对质量保证体系规定了两种统一的模式：军标 MIL-Q-9858A《质量大纲要求》和军标 MIL-1-45208《检验系统要求》。承包商要根据这两个模式编制"质量保证手册"，并有效地实施。政府要对照文件逐项检查，评定实施情况。这实际上就是现代的第二方审核的雏形。这种办法促使承包商进行全面的质量管理，取得了极大的成功。后来，这个经验很快被其他工业发达国家军工部门所采用，并逐步推广到民用工业，质量保证活动在西方各国得到了蓬勃发展。
>
> 到了 20 世纪 70 年代后期，英国标准协会（BSI）制定了 BS 5750 标准，首先开展了单独的质量保证体系的认证业务，使质量保证活动由第二方审核发展到第三方认证，受到了各方面的欢迎，进一步推动了质量保证活动的迅速开展。1980 年，国际标准化组织（ISO）正式批准成立了质量保证技术委员会。1987 年，ISO 9000 系列标准问世，很快形成了一个世界性的潮流。进入 20 世纪 90 年代后，体系认证发展迅速，类型也不断丰富起来。
>
> ISO 9000 标准是国际标准化组织于 1994 年提出的概念，是指由 ISO/TC176（国际标准化组织质量管理与质量保证技术委员会）所制定的国际标准。随着

商品经济的不断扩大与日益国际化，为提高产品的信誉，减少重复检验，削弱与消除贸易技术壁垒，维护生产者、经销者和消费者的各方权益，这个第三方认证诞生了。它不受产销双方经济利益的支配，特点是公正、科学，是各国对产品和企业进行质量评价和监督的通行证。

ISO 9000 系列标准包括 ISO 9000、ISO 9001、ISO 9002、ISO 9003 和 ISO 9004 五个部分。其中，ISO 9000 标准是 ISO 9000 系列标准的选用导则，主要是阐述几个质量术语基本概念之间的关系、质量体系环境的特点、质量体系国际标准的应用。

什么是 ISO 14000 环境管理体系认证？

在当今人类社会面临严重的环境问题（如温室效应、臭氧层破坏、生物多样性的破坏、生态环境恶化、海洋污染等）的背景下，国际标准化组织汇集全球环境管理及标准化方面的专家，在总结全世界环境管理科学经验基础上制定并正式发布一套环境管理的国际标准——ISO 14000 系列标准，涉及环境管理体系、环境审核、环境标志、生命周期评价等国际环境领域内的诸多焦点问题。其旨在通过建立符合各国的环境保护法律、法规要求的国际标准，在全球范围内推广 ISO 14000 系列标准，达到提高全球环境质量、促进世界贸易、消除贸易壁垒的最终目的。

该系列标准共分七个系列，其标准号从 14001 至 14100，共 100 个标准号，统称 ISO 14000 系列标准。该标准适用于任何类型与规模的组织，并适用于各种地理、文化和社会环境。

各细分市场对企业资质认证的要求如表 3.1.3 所示，★表示有 ISO 9000 资质认证要求，▲表示有 ISO 14000 资质认证要求，空白的表示没有资质认证要求。各企业应根据自身情况合理安排资质认证时间。

表 3.1.3 各细分市场对企业资质认证的要求

市场区域	消费群体	第四季度	第五季度	第六季度	第七季度	第八季度
华东市场	青少年客户	★	★	★▲	★▲	★▲
	中老年客户	★	★	★▲	★▲	★▲
	商务人士客户	★	★	★▲	★▲	★▲
华南市场	青少年客户		★	★▲	★▲	★▲
	中老年客户		★	★▲	★▲	★▲
	商务人士客户		★	★▲	★▲	★▲
东北市场	青少年客户		★	★▲	★▲	★▲
	中老年客户		★	★▲	★▲	★▲
	商务人士客户		★	★▲	★▲	★▲
华中市场	青少年客户			★	★▲	★▲
	中老年客户			★	★▲	★▲
	商务人士客户			★	★▲	★▲
西南市场	青少年客户			★	★▲	★▲
	中老年客户			★	★▲	★▲
	商务人士客户			★	★▲	★▲
西北市场	青少年客户			★	★▲	★▲
	中老年客户			★	★▲	★▲
	商务人士客户			★	★▲	★▲
华北市场	青少年客户			★	★	★▲
	中老年客户			★	★	★▲
	商务人士客户			★	★	★▲

3.2 熟悉经营规则

3.2.1 基本规则

所有企业在经营期间都应遵守基本经营规则,如表3.2.1所示。

表 3.2.1 基本经营规则

项 目	数 值	说 明
所得税税率	25%	每个季度初扣除上季度应交所得税
基本行政管理费用/(元/季度)	100 000	每个季度的费用固定,在季度末自动扣除
未交货订单处罚比例	30%	订单要求当季交货,未交货部分按30%罚款,并取消订单
产品设计费用/元	100 000	未完成设计的产品将不允许采购原材料生产
银行贷款最大额度/(元/季度)	1 500 000	累计贷款不能超过上季度末企业所有者权益
短期贷款季度利率	10%	可随时向银行申请,利息在申请成功后一次性支付
紧急贷款季度利率	30%	不能主动申请,在资金链断裂时,由系统自动产生,利息在贷款时一次性支付
一季度账期应收账款贴现率	4%	可随时在财务部办理贴现
二季度账期应收账款贴现率	6%	可随时在财务部办理贴现

1. 所得税

在一个季度的经营周期内,如果企业损益表中的税前利润为正,则需要根据所得税税率计算出应缴纳的所得税。所得税的计算公式为:

$$所得税 = 税前利润 \times 所得税税率$$

如果当前季度有所得税,则计入资产负债表中的应付税金。在下一季度初,系统将自动根据上一季度资产负债表中的应付税金缴纳企业所得税。

注意：不论上一季度是否有亏损，在计算所得税时，均不对以上季度的亏损进行弥补。

2. 行政管理费

无论是否进行生产经营，企业在每个季度均需要支付一定额度的基本行政管理费用，此笔费用在每个季度"支付各项费用"任务中扣除。

3. 设计费

在设计产品特性时，无论参数如何设计调整，只要进行了修改，并点击了"保存"按钮，系统将自动扣除一定额度的产品设计费。产品设计费在每个季度"支付各项费用"任务中扣除。

4. 贷款

（1）短期贷款

短期贷款可以主动申请。在资金紧张时，企业可以随时向银行申请短期贷款，并按照短期贷款利率向银行支付贷款利息。其中，短期贷款利率指的是三个季度贷款的总利率。短期贷款总利息的计算公式为：

$$短期贷款总利息 = 短期贷款金额 \times 短期贷款利率$$

每个季度贷款的额度有限制，最多不能超过系统中给定的贷款额度。同时，累计的贷款金额不能超过企业上一季度的所有者权益。

（2）紧急贷款

紧急贷款不能主动向银行申请。在企业经营过程中，如果现金不足而导致资金链断裂，此时系统将自动给企业申请紧急贷款。紧急贷款的金额以刚好满足企业现金支出不足部分为限。紧急贷款总利息的计算公式为：

$$紧急贷款总利息 = 紧急贷款金额 \times 紧急贷款利率$$

注意：当企业现金不足时，将不允许再购买厂房或生产线。其他操作仍可以继续进行，系统将会自动给予紧急贷款。

无论是短期贷款还是紧急贷款，贷款利息都是在成功申请贷款后一次性支付。

无论是短期贷款还是紧急贷款，都不能提前归还，在到期后的下个季度末自动归还。例如，企业在第一季度申请了贷款，则在第四季度末自动归还贷款。

5. 违约金

企业在当前季度接到的所有订单均要求在当前季度交货，不允许延期交货。如果存货不足以交付一个区域的完整订单，可以只交付一部分订单。

对未能交货的部分订单，将对企业按未交货部分订单处以一定比例的违约金。违约金的计算公式为：

$$违约金 = 未交货订单的合同额 \times 处罚比例$$

未交货的订单违约金在每个季度"支付各项费用"任务中扣除。

注意：订单不能延期交付，也不能转包给其他企业。

6. 贴现

对部分市场的客户订单，将不是直接以现金进行结算，而是有一定时间的结算期。如果企业有这些订单交付，对应的销售额将以应收账款的形式反映到企业资产负债表的流动资产里。

如果企业资金紧张，可以提前将应收账款收回，但需要支付一定的贴现利息。应收账款贴现利息的计算公式为：

$$应收账款贴现利息 = 贴现的应收账款金额 \times 对应账期的贴现率$$

应收账款可以随时到财务部去办理贴现，贴现时直接扣除贴现利息。应收账款在到期的季度末自动收回。如企业在第二季度末销售产品产生一笔应收账款，账期为一个季度，如果没有提前贴现，则在第三季度末时自动收回。

> **概念链接**
>
> ### 什么是贴现？
>
> 贴现即票据贴现，是指企业（持票人）在商业汇票未到期时，为了取得资金，贴付一定利息将票据权利转让给银行的票据行为，是银行向持票人融通资金的一种方式。票据贴现必须以真实的贸易背景为基础，贴现期限从贴现之日起至汇票到期日止，最长不超过 6 个月，贴现利率在中国人民银行规定的范围内由客户企业和银行协商确定。
>
> 票据贴现有如下两种业务形式：
>
> 1. 商业承兑汇票贴现
>
> 商业承兑汇票贴现是指当企业有资金需求时，可持商业承兑汇票按一定贴

现率申请提前兑现,以获取资金的一种融资业务。在商业承兑汇票到期时,银行则向承兑人提示付款,当承兑人未予偿付时,银行对贴现申请人保留追索权。商业承兑汇票贴现是以企业信用为基础的融资,如果承兑企业的资信非常好,相对较容易取得贴现融资。

2. 协议付息票据贴现

协议付息票据贴现是指卖方企业在销售商品后持买方企业交付的商业汇票(银行承兑汇票或商业承兑汇票)到银行申请办理贴现,由买卖双方按照贴现付息协议约定的比例向银行支付贴现利息后,银行为卖方提供的票据融资业务。该业务除贴现时利息按照买卖双方贴现付息协议约定的比例向银行支付外,与一般的票据贴现业务处理完全一样。

3.2.2 产品研发

不同产品的研发周期不同,投入的研发费用也不同。产品研发规则如表3.2.2所示。

表3.2.2 产品研发规则

目标群体	每期投入费用/元	研发总周期/季度	总投入费用/元
青少年客户	0	0	0
中老年客户	100 000	2	200 000
商务人士客户	100 000	3	300 000

企业有多个产品可以选择研发生产。在初始季度,除了青少年客户的产品已完成研发可以直接生产、销售外,中老年客户和商务人士客户的产品均需要完成研发才能生产、销售。企业在每个季度均有一次产品研发投入的机会。完成整个产品的研发需要花费一定的周期和投入若干费用,研发费用在确定投入时直接扣除。

如果企业资金紧张,可以暂停产品的研发,待将来资金宽裕时再继续投入资金进行产品研发。只要累计完成了产品的研发投入,从下一季度开始,企业就可以生产、销售该产品。例如,中老年客户的产品的研发周期为两个季度,企业从第一季度开始研发中老年客户的产品,第二季度继续投入研发,则到第三季度初,企业即将完成中老年客户的产品的研发,可以开始设计产品特性并安排生产、销售。

3.2.3 资质认证

企业在每个季度均可以决策是否在资质认证方面进行投资。完成整个资质认证需要花费一定的时间周期和投入若干费用。资质认证费用在确定认证时直接扣除。如果企业资金紧张，可以暂停资质认证的投入，待将来资金宽裕时再继续投入资金进行资质认证。只要累计完成了资质认证投入，从下一季度开始，企业就可以获得相关的资质认证资格。资质认证规则见表3.2.3。

表 3.2.3 资质认证规则

认证类型	每期投入费用/元	认证总周期/季度	总投入费用/元
ISO 9000	200 000	2	400 000
ISO 14000	200 000	3	600 000

3.2.4 市场开发

所有产品可以在七大区域市场进行销售。企业要想进入相关的区域市场来销售产品，首先需要完成对市场的前期调研与开发。对于未完成开发的区域市场，将不能在该区域设立销售与配送网点，不能在该市场销售产品。每个区域市场的开发可能会有不同时间周期，只要累计完成了市场开发的投入，从下一季度开始，企业就可以在该区域市场建设网点，开展销售工作。市场开发规则如表3.2.4所示。

表 3.2.4 市场开发规则

区域市场	每期投入费用/元	开发总周期/季度	总投入费用/元
华东市场	100 000	1	100 000
东北市场	100 000	2	200 000
华北市场	100 000	2	200 000
西北市场	100 000	3	300 000
西南市场	100 000	3	300 000
华中市场	100 000	1	100 000
华南市场	100 000	1	100 000

3.2.5　渠道建设

在完成了对市场区域的调研和开发后，企业可以在该市场上建设销售与配送网点。渠道建设规则见表3.2.5。

表3.2.5　渠道建设规则

市场区域	消费群体	每个网点设立费用/元	每个网点人力成本/（元/季度）	每个网点配送能力/（箱/季度）
华东市场	青少年客户	4 000	4 000	100
	中老年客户	4 000	4 000	100
	商务人士客户	4 000	4 000	100
东北市场	青少年客户	2 000	2 000	100
	中老年客户	2 000	2 000	100
	商务人士客户	2 000	2 000	100
华北市场	青少年客户	3 000	3 000	100
	中老年客户	3 000	3 000	100
	商务人士客户	3 000	3 000	100
西北市场	青少年客户	2 000	2 000	100
	中老年客户	2 000	2 000	100
	商务人士客户	2 000	2 000	100
西南市场	青少年客户	2 000	2 000	100
	中老年客户	2 000	2 000	100
	商务人士客户	2 000	2 000	100
华中市场	青少年客户	3 000	3 000	100
	中老年客户	3 000	3 000	100
	商务人士客户	3 000	3 000	100

续表

市场区域	消费群体	每个网点设立费用/元	每个网点人力成本/(元/季度)	每个网点配送能力/(箱/季度)
华南市场	青少年客户	4 000	4 000	100
	中老年客户	4 000	4 000	100
	商务人士客户	4 000	4 000	100

概念链接

什么是渠道？

我们用"渠道"来描述商品流通的现象，认为在商品从生产者到消费者的流通过程中，自然形成了商品分销的轨迹，即商品的分销渠道。

分销渠道又叫营销渠道，是指参与商品所有权转移或商品买卖交易活动的中间商所组成的统一体。

分销渠道可分为直接与分销渠道和间接分销渠道。

（1）直接分销渠道是指产品从生产者流向消费者的过程中不经过任何中间商的分销渠道，即由生产者将其产品直接销售给消费者（生产者→消费者）。

（2）间接分销渠道是指产品从生产者流向消费者的过程中经过若干中间商转手的分销渠道。

影响渠道选择的六大因素为：市场、产品、组织、中间商、竞争者、环境。

分销渠道战略主要有三种：密集分销、独家分销、选择分销。

不同产品线的销售与配送网点是不同的，如果企业希望在某一市场销售多种产品，则需要分别建设相应产品的网点。

每一个销售与配送网点的最大销售能力均有上限，即最多能完成多少产品的销售与配送是有限的。例如，在某一市场建了5个销售与配送网点，按每个网点每季度最大销售能力为100箱计算，则企业在这一市场最多能接到500箱的订单量。即使可能有更多的客户想选择购买本企业的产品，但由于网点数量的限制，超出网点最大销售能力的客户订单将不会提供给企业。

在市场开发成功后，企业在每个季度均可以增加或减少销售与配送网点的数量。新设立的网点需要支付设立费用，用于网点的房租、水电等各项支出。同时，从设立成功开始，每个网点需要支付人力成本。不需要的渠道网点，可以撤销。网点被撤销后的当前季度仍然需要支付人力成本，并且被撤销的当前季度将不再产生作用。

3.2.6 原料采购

企业生产产品前需要采购原材料，各类原材料的采购规则如表3.2.6所示。未完成研发和设计的产品，将不允许购买原材料。不同的产品需要不同的生产原料，一箱产品的原材料可加工成一箱对应的产品。

表3.2.6 原材料采购规则

原材料类别	购买价格/（元/箱）	采购款应付账期/季度	成品运输费/（元/箱）
青少年客户产品原材料	200	1	20
中老年客户产品原材料	300	1	20
商务人士客户产品原材料	400	1	20

3.2.7 生产制造

1. 厂房规则

购买生产线之前，企业需要购买或者租用厂房，不同类型的厂房购买价格、租用价格、容纳的生产线不同，其规则如表3.2.7所示。购买后的厂房在当前季度不折旧，从下一个经营季度开始按直线法每个季度计提折旧。购买的厂房可出售，出售时的价格为厂房净值。当企业的现金不足时，将不允许购买厂房。

表 3.2.7　厂房规则

厂房类型	购买价/元	租用价/（元/季度）	季度折旧率	可容纳生产线/条
大型厂房	1 200 000	120 000	2%	4
中型厂房	800 000	80 000	2%	2
小型厂房	500 000	50 000	2%	1

概念链接

什么是折旧？

折旧是指在固定资产的使用寿命内，按照确定的方法对应计折旧额进行的系统分摊。应计折旧额是指应当计提折旧的固定资产的原价扣除其预计净残值后的金额。如果已对固定资产计提减值准备，还应当扣除已计提的固定资产减值准备累计金额。

影响固定资产折旧的因素主要有：

1. 固定资产原价

固定资产原价是指固定资产的成本。

2. 固定资产的使用寿命

固定资产的使用寿命是指企业使用固定资产的预计时间，或者固定资产所能生产产品或提供劳务的数量。企业确定固定资产使用寿命，应当考虑以下因素：（1）该项资产预计生产能力或实物产量；（2）该项资产预计有形损耗，如设备使用中发生磨损、房屋建筑物受到自然侵蚀等；（3）该项资产预计无形损耗，如因新技术的出现而使现有的资产技术水平相对陈旧、市场需求变化使产品过时等；（4）法律或者类似规定对该项资产使用的限制。

3. 预计净残值

预计净残值是指假定固定资产预计使用寿命已满，并处于使用寿命终了时的预期状态，企业目前从该项资产处置中获得的扣除预计处置后的金额。

4. 固定资产减值准备

固定资产减值准备是指固定资产已计提的固定资产减值准备累计金额。固定资产计提减值准备后，应当在剩余使用寿命内根据调整后的固定资产账面价值（固定资产账面余额扣减累计折旧和累计减值准备后的金额）和预计净残值重新计算确定折旧率和折旧额。

2. 生产线规则

生产线只能通过购买获得，购买当前季度不折旧，从下一个季度开始按直线法每个季度计提折旧。生产线可出售，出售时价格为设备净值，出售当前季度要计提折旧。从购买生产线当前季度开始，每个季度企业需支付生产线的维修费。部分生产线购买后有安装期，安装完毕后方可投入生产。部分生产线只能生产特定产品，但可以通过变更设备来生产其他产品，变更设备需要一定的时间与费用。当企业的现金不足时，将不允许购买生产线。生产线规则如表 3.2.8 所示。

表 3.2.8　生产线规则

类型	消费群体	购买价格/元	季度折旧率	安装期/季度	产能/箱	下线期/季度	加工费/（元/箱）	变更费/元	变更期/季度	维修费/（元/季度）
柔性	所有客户群体	1 200 000	5%	1	2 000	0	20	0	0	40 000
全自动	青少年客户	1 000 000	5%	1	1 500	0	20	20 000	1	30 000
全自动	中老年客户	1 000 000	5%	1	1 500	0	20	20 000	1	30 000
全自动	商务人士客户	1 000 000	5%	1	1 500	0	20	20 000	1	30 000
半自动	青少年客户	800 000	5%	0	1 000	0	20	10 000	1	20 000
半自动	中老年客户	800 000	5%	0	1 000	0	20	10 000	1	20 000
半自动	商务人士客户	800 000	5%	0	1 000	0	20	10 000	1	20 000
手工	所有客户群体	500 000	5%	0	500	0	20	0	0	10 000

3.2.8　现金收支

在企业经营过程中，系统规定了各项经营决策的时间次序和收入以及支出现金的时间，掌握这些规则，将有利于企业更加合理地安排各项资金。现金收入及支出时间规则详见表 3.2.9。

表 3.2.9　现金收入及支出时间规则

决策时间次序	收入及支出现金情况
每季度初	支付上一季度所得税
研发资质认证	支付产品研发费，支付资质认证费
调整销售渠道	支付网点开办费，支付市场开发费
调整厂房设备	支付购买厂房费用，支付购买生产线费用
安排生产任务	支付产品生产加工费
制定产品价格	支付品牌及广告投入费
产品配送运输	支付交货产品的运输费，收到零账期订单的现金
支付各项费用	支付产品设计费，支付行政管理费，支付销售网点维护费，支付生产线维修费，支付厂房租金，支付订单违约罚金
每季度末	支付到期的应付账款，收到到期的应收账款，归还到期贷款

说明：短期借款可随时去银行办理，现金实时到账，同时扣除借款利息。应收账款贴现可随时去财务管理中心办理，但需要支付一定比例的贴现利息。

3.3　模拟经营流程

3.3.1　设立企业

1. 进入系统

点击电脑桌面应用程序的图标，进入学员客户端。

在【服务器】一栏填入数据处理服务器的网络 IP 地址。

在【教室号码】一栏填入教室号码，该号码由讲师客户端进行设置。"进入虚拟教室"界面如图 3.3.1 所示。

图 3.3.1 "进入虚拟教室"界面

点击【进入教室】按钮后进入虚拟教室,将呈现图 3.3.2 所示界面。

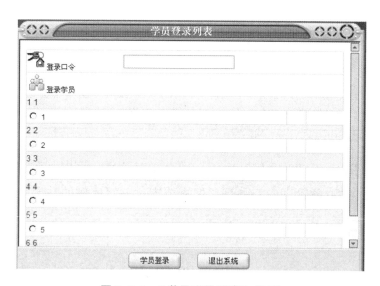

图 3.3.2 "学员登录列表"界面

注意:只有在讲师客户端提前进入某一间教室后,相关学员客户端才能进入同一间教室,否则学员客户端将出现错误登录提示,如图 3.3.3 所示。

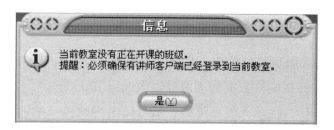

图 3.3.3 "错误登录提示"界面

2. 选择学员登录

进入虚拟教室后，可以看到整个课程的所有学员列表。这些学员已经由讲师提前在系统中录入信息，并已被分成若干个小组。每位学员可以在选择自己的名字后进入模拟企业（登录口令默认为空）。学员登录后将进入系统主界面，如图 3.3.4 所示。

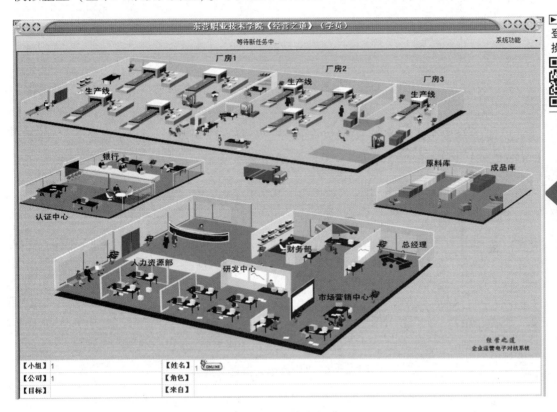

图 3.3.4　系统主界面

3. 分配小组成员角色

模拟系统把所有学员分成若干小组，同时每个小组内的每个学员将被赋予不同的职责，系统内置了"总经理""市场总监""财务总监""生产总监"等各种角色。其中，只有"总经理"这一角色具备在系统内递交经营数据的权限，而其他角色作为团队的成员，更多的是从不同的角度去收集信息，为整个团队所做出的每一项决策提供坚实可靠的保障。

"总经理"登录客户端程序，依据模拟企业先前确定的岗位角色，在系统上进行角色分配。具体操作如下：

点击右上方的【系统功能】→【课程配置】,打开如图3.3.5所示的界面。

图3.3.5 "学员列表"界面(修改个人信息前)

点击【修改个人信息】按钮,设置登录密码,以保障个人账号的安全,同时在【可选角色】栏选择"总经理",界面如图3.3.6所示。

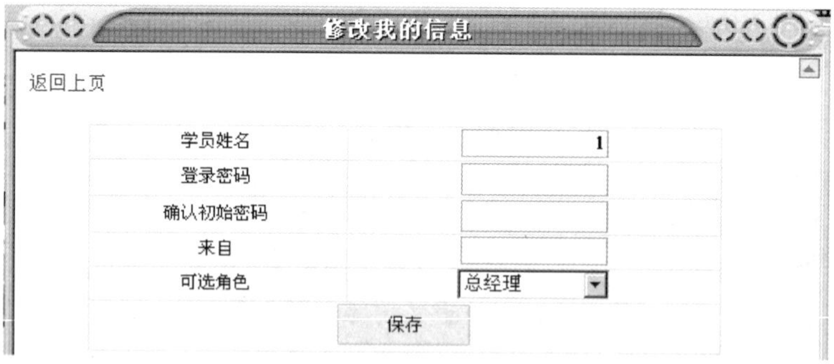

图3.3.6 "修改个人信息"界面

在设置完毕后,点击【保存】按钮回到如图3.3.7所示的界面。

图3.3.7 "学员列表"界面(修改个人信息后)

再点击【修改小组信息】按钮替组内其他成员分配角色，输入【小组名称】（企业名）、【小组目标】等信息，界面如图3.3.8所示。

图3.3.8 "修改小组信息"界面

在设置完毕后点击【保存】按钮，关闭当前配置窗口，回到主界面。

3.3.2 任务说明

1. 接收任务

模拟系统将整个企业经营活动拆解成若干项相对简单的任务，每个任务下面又包含了若干个经营决策。讲师客户端控制任务的发布：讲师在发布了一项新任务后，以"总经理"角色进行登录的学员，其程序将会自动跳出"接收新任务"界面，如图3.3.9所示。组内以其他角色登录的学员的客户端程序不会跳出该界面。讲师发布新任务后，小组内的所有成员需要按角色收集相关信息，给管理层提供可靠、详细的数据来源，最终形成决策并输入电脑中。

2. 完成当前任务

当一个任务中的所有决策均完成后，每个团队需要通知讲师已经完成当前任务，以便讲师进一步发布更多的任务。具体操作方法为：点击跳出的决策窗口下方的【完成】按钮。

图 3.3.9 "接收新任务"界面

3. 暂时关闭决策窗口

如果还没有完成当前任务的所有决策，而又想暂时关闭当前决策窗口，可点击跳出的决策窗口下方的【决策中】按钮。

4. 重新打开决策窗口

如果想重新打开尚未完成的决策窗口，可点击主界面上的"总经理"角色。

3.3.3 任务操作

模拟程序在每个经营季度都会生成若干项任务，这些任务涉及行业动态信息研究、研发资质认证、设计产品特性、调整销售渠道、调整厂房设备、采购产品原料、安排生产任务、制定产品价格、产品配送运输、支付各项管理费用等各个环节，以下是对每项任务的操作说明。

1. 行业动态信息研究

行业动态信息为我们提供了宝贵的市场洞察，涵盖了未来数个经营周期内的关键数据，包括市场规模容量、产品需求走势、产品价格等指标，如图 3. 3. 10 所示（此处以第一季度为例）。值得注意的是，行业动态信息是一种公开信息，这意味着所有参与市场竞争的企业都能够访问到这些数据。因此，在深入分析这些信息的同时，每个团队必须谨慎地预测竞争对手可能采取的策略和做出的决策，以便自己能够据此制定出本企业在未来周期内的经营战略和营销计划。

建议各团队在完成初步的市场研究后，将发现的关键信息记录下来，并据此直接制定决策。任务完成后，各团队也可以通过重新访问决策窗口来查看已经采取的策略。

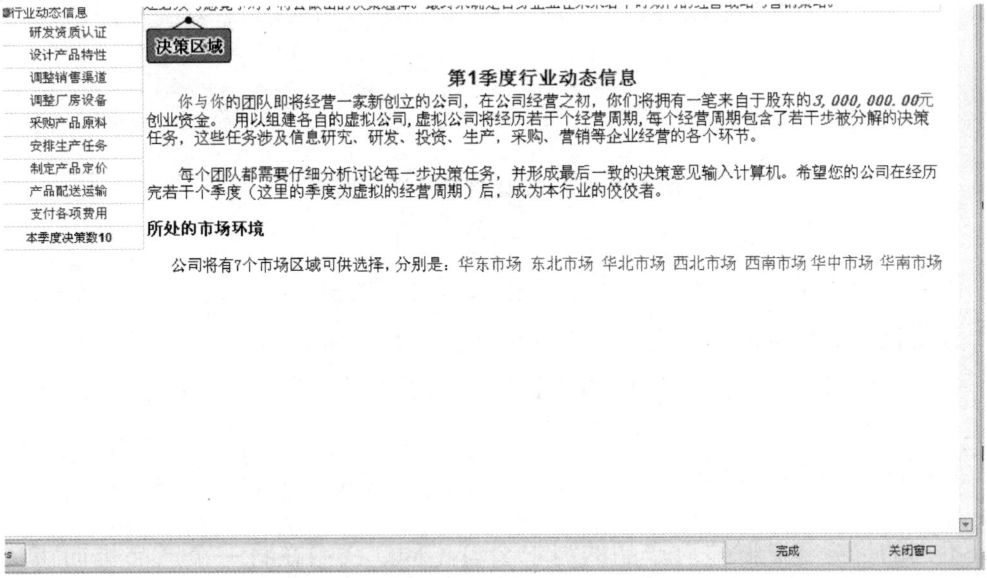

图 3. 3. 10 “行业动态信息”界面（第一季度）

查看行业动态信息操作演示

2. 研发资质认证

使企业的产品保持市场份额的主要方法之一，便是与竞争对手在产品设计和开发上保持同步，或者超越对手。这一任务是通过对新产品的研究与开发实行定期投资来实现的，界面如图 3. 3. 11 所示。

研究资质认证操作演示

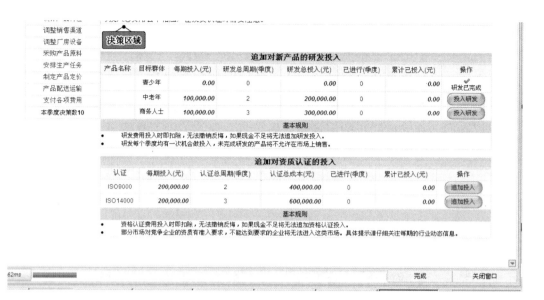

图 3.3.11 "研发资质认证"界面

若要追加研发投入,可直接点击【投入研发】按钮。
若要追加资格认证,可直接点击【追加投入】按钮。
完成决策后,点击窗口右下方的【完成】按钮。

3. 设计产品特性

不同的目标客户群体对产品的需求会有不同。我们在将一个产品推向市场之前,必须仔细研究市场动态信息中提供的客户需求研究报告,仔细了解不同客户的需求,并针对客户需求设计最适合的产品。"设计产品特性"界面如图 3.3.12 所示。产品特性越符合目标群体客户的需求,产品就越受欢迎,并可获得更多的市场份额。

完成决策后,点击窗口右下方的【完成】按钮。

设计产品特性操作演示

图 3.3.12 "设计产品特性"界面

4. 调整销售渠道

每家企业面临的是多个不同的市场区域，有些市场区域刚开始还不能进入，需要投入一定费用进行前期市场开发，待开发完成后企业才能进入该市场区域。"市场开发与渠道建设"界面如图 3.3.13 所示。在每个市场区域，企业如果要销售相应的产品，需要首先设立相应产品的销售网点。每个销售网点的销售能力有一定限制，具体需要在哪些市场区域针对哪些目标客户群体设立相应的销售网点，要根据企业的发展战略与产品发展计划来决定。

完成决策后，点击窗口右下方的【完成】按钮。

调整市场渠道操作流程演示

图 3.3.13 "市场开发与渠道建设"界面

5. 调整厂房设备

生产部门的任务是按照市场要求的质量标准,尽可能高效率、低成本地生产出产品。为了更好地满足市场营销的需求,生产部门需要与市场营销部门建立紧密的合作关系。双方应共同从短期和长期的角度出发,全面考虑各种因素,合理规划产能,以确保生产活动能够高效、有序地进行。"调整厂房设备"界面如图3.3.14所示。

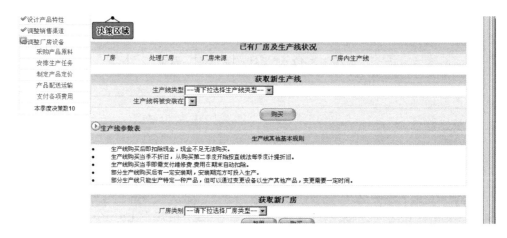

图 3.3.14 "调整厂房设备"界面

厂房可以购买也可以租用,而生产线只能购买。按照技术含量的不同,生产线分为多种类型,不同类型的生产线所能生产的产品及其价格、产能等均有差异。各团队必须综合考虑企业的市场、财务等方面的情况,来决定何时购买、购买多少、购买什么类型生产线等,以满足未来若干时期内用户订单的生产需要。

完成决策后,点击窗口右下方的【完成】按钮。

6. 采购产品原料

为了满足生产的需要,企业需要购买用于生产这些产品的原材料,每个经营季度均有一次购买原材料的机会。原材料一旦采购马上入库,无须立即付款,有一个季度的应付账期。"采购产品原料"界面如图3.3.15所示。

完成决策后,点击窗口右下方的【完成】按钮。

采购产品原料操作流程演示

图 3.3.15 "采购产品原料"界面

7. 安排生产任务

由于生产线有多种类型，不同类型的生产线可生产的产品也不同，所以各团队要根据原材料的情况，选择相应的原材料投入生产线进行生产。"安排生产任务"界面如图 3.3.16 所示，具体内容将根据企业模拟经营情况的不同而有所区别。

完成决策后，点击窗口右下方的【完成】按钮。

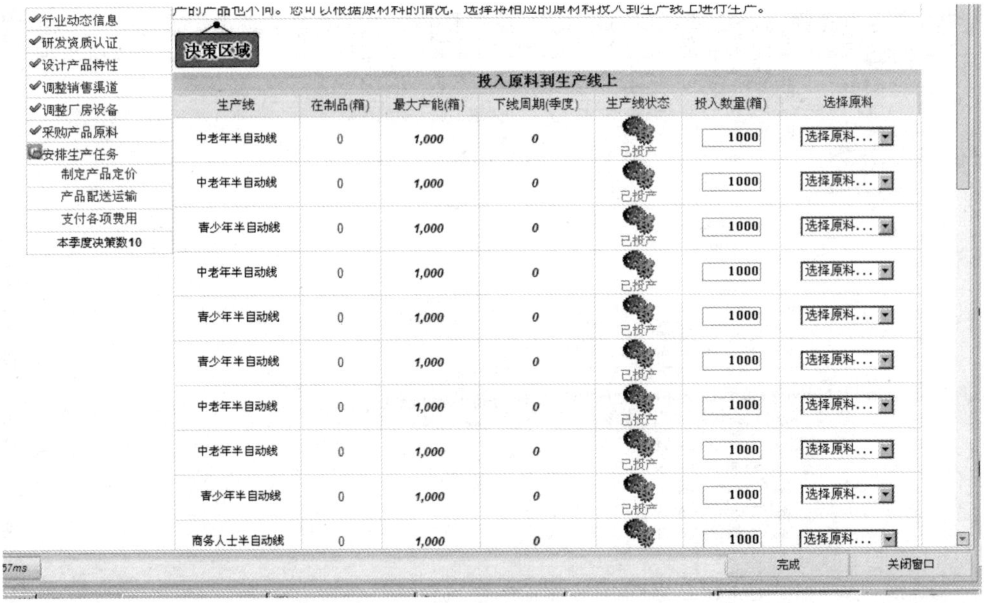

安排生产任务操作流程演示

图 3.3.16 "安排生产任务"界面

8. 制定产品价格

根据企业市场开发和产品开发的完成情况，企业可以参与相应市场的推广与销售活动。在此，模拟系统提供了每个市场对每类产品的需求总量信息，以供每个团队参考后决定参与哪些市场的竞争，以及确定本企业产品的报价策略。市场参考售价是基于前期市场调研统计得出的平均售价。一般来说，产品报价略低于市场参考价可能会为企业吸引更多的订单，但这也可能降低产品的毛利。相反，过高或过低的售价可能会削弱客户对产品品质的信任，并对产品的销售情况产生严重的负面影响。因此，合理的报价策略应基于企业自身的成本考量，同时综合考虑竞争对手的情况以及市场其他相关因素。

最终，企业产品所获得的市场份额将取决于参与该产品市场竞争的各家企业产品的报价、特性设计、广告投入、渠道布局等多方面因素。此外，如果企业在某一市场区域的某一产品的销售网点数量不足，这也可能影响最终的市场份额及订单数量。若企业尚未开发某一市场或开发尚未完成，则该市场的产品将无法进行定价。"制定产品价格"界面如图3.3.17所示。

制定产品定价操作流程演示

图3.3.17 "制定产品价格"界面

在完成决策后，务必先点击窗口右下方的【递交定价】按钮，再点击【完成】按钮。

9. 产品配送运输

根据库存情况决定对哪些市场订单进行交货。如果产品库存数量不足，则只能按最大的库存数量进行交货。未交货的产品则会取消相应的订单，并给予一定金额的处罚。“产品配送运输”界面如图 3. 3. 18 所示。

产品配送运输操作流程演示

第1季度未完成的市场定购量

序号	目标群体	市场区域	回款周期	份额时间	售价	定购量	合同总额	已交货	已发生销售额	点击发货
						合计	0.00		0.00	

成品库存

产品名称	目标群体	当前库存量(箱)	原料费(元)	加工费(元)	发货时运输费(元/箱)
设计未完成	青少年	0	0.00	0.00	20.00
设计未完成	中老年	0	0.00	0.00	20.00
设计未完成	商务人士	0	0.00	0.00	20.00
		总计	0.00	0.00	

销售基本规则

- 本期未完成市场定购量将按对应销售金额乘以30.00%计违约金，且份额不能累积到下一期。

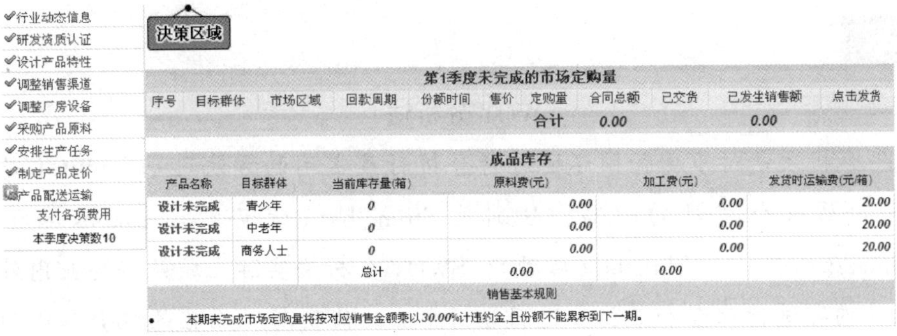

图 3. 3. 18 “产品配送运输”界面

完成决策后，点击窗口右下方的【完成】按钮。

10. 支付各项管理费用

为了维持企业的正常经营，每个季度均需要支付各种费用。这些费用主要包括产品设计费、行政管理费、所有销售网点人力成本、生产线维修费、厂房租金、厂房折旧费、生产线折旧费和订单违约罚金等。“支付各项费用”界面如图 3. 3. 19 所示。

支付各项费用操作流程演示

即将支出或计提第1季度各项费用

费用类型	金额
产品设计费用	0.00
行政管理费用	100,000.00
所有销售网点人力成本	0.00
生产线维修费用	0.00
厂房租金	0.00
订单违约罚金	0.00
生产线折旧费用	0.00
厂房折旧费用	0.00
合计	100,000.00

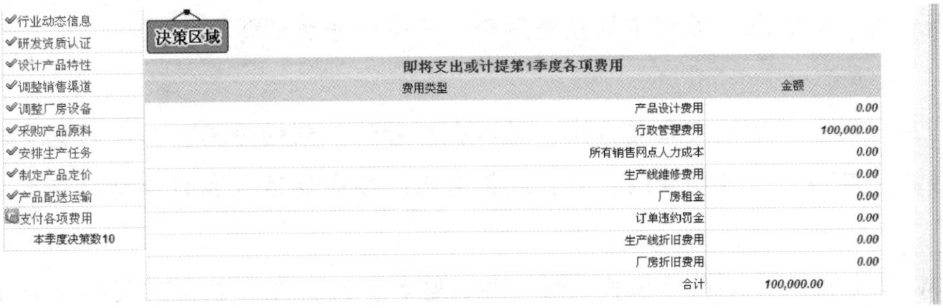

图 3. 3. 19 “支付各项费用”界面

完成决策后，点击窗口右下方的【完成】按钮。

3.4 分析企业经营

当企业模拟经营一段时期后,可以在模拟程序上对本企业的经营绩效进行查询、分析。

知识拓展

SWOT 分析法

SWOT 分析法是对市场营销环境进行分析时最常用的方法之一。SWOT 是四个英语单词的第一个字母的缩写,分别是 Strengths(优势)、Weaknesses(劣势)、Opportunities(机会)和 Threats(威胁)。SWOT 分析法实际上就是将企业内外部条件各方面的内容进行综合和概括,进而分析企业的优劣势、面临的机会和威胁的一种方法。

1. 优势

优势是指企业相对于竞争对手而言所具有的如科学技术、产品质量、资金实力、企业形象,以及其他特殊的实力。

2. 劣势

劣势是指影响企业经营效益的不利因素和特征,如设备陈旧、管理不善、研发落后、销售渠道不畅等。

3. 机会

机会,即外部环境变化趋势中,对本企业营销积极的、正向的方面,如新产品、新市场、新需求、外国市场壁垒解除、竞争对手失误等。

4. 威胁

威胁,即外部环境变化趋势中,对本企业营销不利的方面,如新的竞争对手出现、替代产品增多、市场紧缩、行业政策变化、经济衰退、客户偏好改变、突发事件等。

SWOT 分析的意义在于扬长避短,趋利避害,为企业营销决策提供有价值的逻辑分析,帮助企业认识自身的优势和劣势,让企业了解到外部环境中潜藏的机会和威胁。

3.4.1 外部环境分析

1. 决策历史

该栏目可以查询企业的每一步经营决策和每一次现金数据变化，类似流水账。“决策历史”界面如图 3.4.1 所示。

发生时间	所属任务	决策明细
第1季度		进入第1季度经营.支付上期所得税。 现金减少：0.00 其中: 支付所得税:0.00 支付后现金余量：3,000,000.00
第1季度	行业动态信息	1季度，学生客户端完成商业新闻查看任务。
第1季度	行业动态信息	查看商业新闻完成.
第1季度	研发资质认证	追加对新产品的研发投入 现金减少：100,000.00 现金余量：2900000.00
第1季度	研发资质认证	追加对新产品的研发投入 现金减少：100,000.00 现金余量：2800000.00

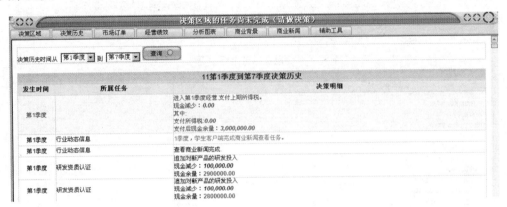

图 3.4.1 “决策历史”界面

2. 市场订单

该栏目可以查询到每个经营季度、不同市场区域的所有订单的详细情况，如每笔订单所属公司、最高限价、参考价、当前售价、定购量、合同总额等。“市场订单”界面如图 3.4.2 所示。

序号	目标群体	市场	时间	资质要求	回款周期(季度)	所属公司	最高限价(元/箱)	参考价(元/箱)	当前售价(元/箱)	定购量(箱)	合同总额(元)
17187	青少年	华北市场	第3季度		0	愤怒的小鸟(7)	835.00	570.00	696.00	1,000	696,000.00
17188	青少年	华北市场	第3季度		0	11(11)	835.00	570.00	835.00	800	668,000.00
17189	青少年	华东市场	第3季度		0	10(10)	885.00	620.00	800.00	618	494,400.00
17190	青少年	华东市场	第3季度		0	5(5)	885.00	620.00	870.00	477	414,990.00
17191	青少年	华东市场	第3季度		0	福星小组(9)	885.00	620.00	800.00	300	240,000.00
17192	青少年	华东市场	第3季度		0	巴啦啦魔女团(6)	885.00	620.00	658.00	1,500	987,000.00
17193	青少年	华东市场	第3季度		0	小米科技(8)	885.00	620.00	688.00	1,000	688,000.00
17194	青少年	华东市场	第3季度		0	2(2)	885.00	620.00	699.00	1,000	699,000.00
17195	青少年	华东市场	第3季度		0	11(11)	885.00	620.00	800.00	621	496,800.00
17196	青少年	华中市场	第3季度		1	福星小组(9)	835.00	570.00	750.00	300	225,000.00
17197	青少年	华中市场	第3季度		1	1(1)	835.00	570.00	798.99	404	322,791.96
17198	青少年	华中市场	第3季度		1	愤怒的小鸟(7)	835.00	570.00	696.00	370	257,520.00
17199	青少年	华中市场	第3季度		1	2(2)	835.00	570.00	599.00	600	359,400.00
17200	青少年	华中市场	第3季度		1	11(11)	835.00	570.00	790.00	498	393.420.00

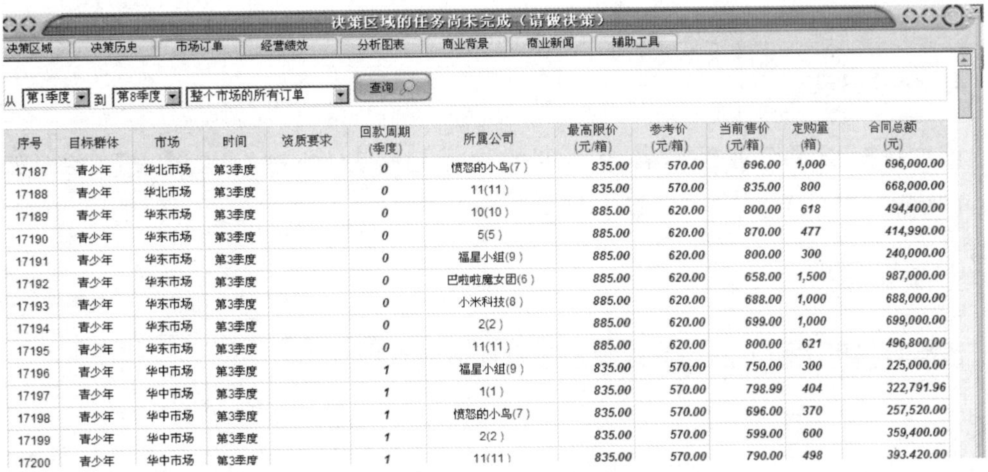

图 3.4.2 “市场订单”界面

3. 经营绩效

该栏目提供了某一时期内企业的经营情况，包括符合财务标准的现金流量表、损益表、资产负债表、财务表现、市场表现及综合表现。"经营绩效"界面如图3.4.3所示。

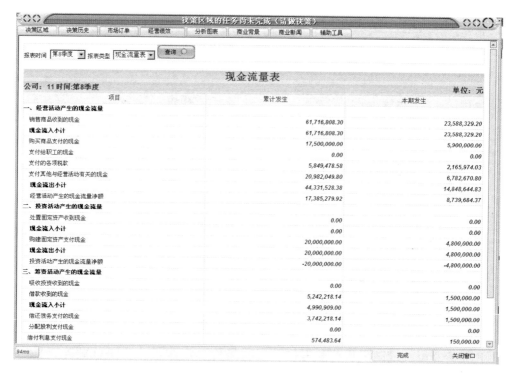

图 3.4.3 "经营绩效"界面

4. 分析图表

该栏目提供了企业经营各个角度的指标趋势分析。"分析图表"界面如图3.4.4所示。

5. 商业背景

该栏目提供了相关的行业规则及基本环境数据。

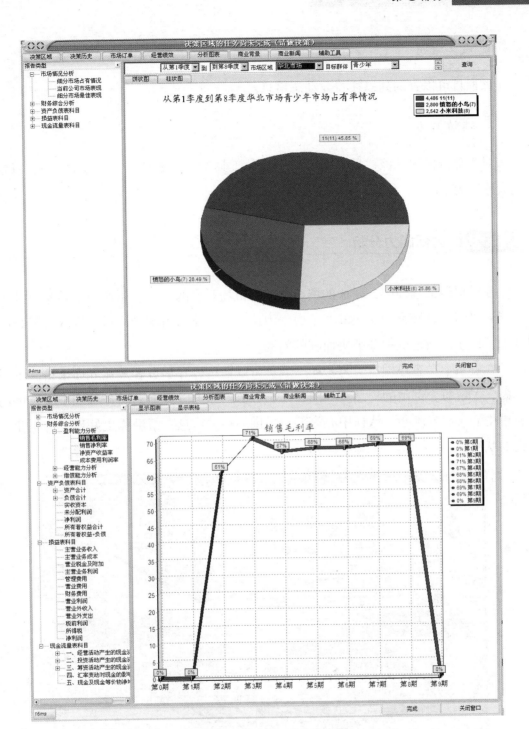

图 3.4.4 "分析图表"界面

6. 商业新闻

该栏目可以查询到以往行业动态信息。

7. 辅助工具

对于部分模型，该栏目会提供一些辅助工具（如损益表、资产负债表），以帮助大家练习。

3.4.2 内部能力分析

在模拟经营过程中，企业的资金状况、市场开发的进展、生产线的数量以及生产能力等因素直接影响企业的竞争力。因此，对企业的内部能力进行深入分析是必要的，以便清晰地识别和解决面临的问题。

在登录学员客户端后，每个团队成员可以通过打开学员客户端界面来访问不同部门，了解每个部门的信息。如图 3.4.5 所示，你可以查询到财务管理中心、市场营销中心、研发中心、认证中心等部门提供的相关信息，帮助你更好地了解企业当前的状况。

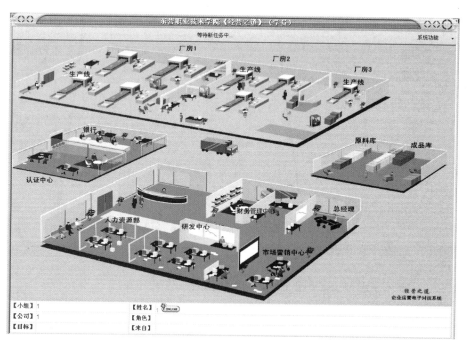

图 3.4.5 "学员客户端"主界面

1. 财务管理中心

财务管理中心可以查询到的信息包括企业目前的现金余量，应收账款、应付账款情况，其他基本财务科目情况，相关的基本商业规则等。“财务管理中心”界面如图 3.4.6 所示。

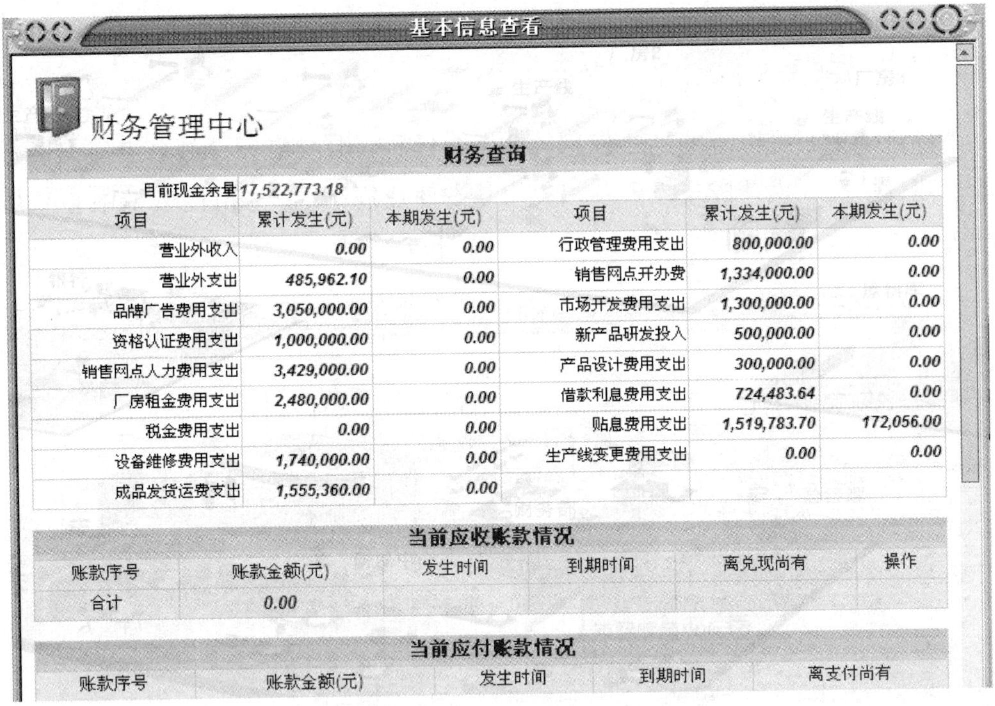

项目	累计发生(元)	本期发生(元)	项目	累计发生(元)	本期发生(元)
营业外收入	0.00	0.00	行政管理费用支出	800,000.00	0.00
营业外支出	485,962.10	0.00	销售网点开办费	1,334,000.00	0.00
品牌广告费用支出	3,050,000.00	0.00	市场开发费用支出	1,300,000.00	0.00
资格认证费用支出	1,000,000.00	0.00	新产品研发投入	500,000.00	0.00
销售网点人力费用支出	3,429,000.00	0.00	产品设计费用支出	300,000.00	0.00
厂房租金费用支出	2,480,000.00	0.00	借款利息费用支出	724,483.64	0.00
税金费用支出	0.00	0.00	贴息费用支出	1,519,783.70	172,056.00
设备维修费用支出	1,740,000.00	0.00	生产线变更费用支出	0.00	0.00
成品发货运费支出	1,555,360.00	0.00			

当前应收账款情况

账款序号	账款金额(元)	发生时间	到期时间	离兑现尚有	操作
合计	0.00				

当前应付账款情况

账款序号	账款金额(元)	发生时间	到期时间	离支付尚有

图 3.4.6 “财务管理中心”界面

概念链接

应付账款

应付账款是会计科目的一种，用以核算企业因购买材料、商品和接受劳务供应等经营活动应支付的款项。

应付账款通常是指因购买材料、商品或接受劳务供应等而发生的债务，这是买卖双方在购销活动中由于取得物资与支付货款在时间上不一致而产生的负债。

> 应付账款的主要账务处理（以企业购入材料、商品等验收入库，但货款尚未支付为例）：根据有关凭证（发票账单、随货同行发票上记载的实际价款或暂估价值），借记"材料采购""在途物资"等科目，按可抵扣的增值税额，借记"应交税费——应交增值税（进项税额）"等科目，按应付的价款，贷记本科目。

2. 市场营销中心

市场营销中心可以查询到的信息包括企业目前获取的市场份额、当前市场开发与渠道建设情况、累计广告投入及相关的基本商业规则等。"市场营销中心"界面如图3.4.7所示。

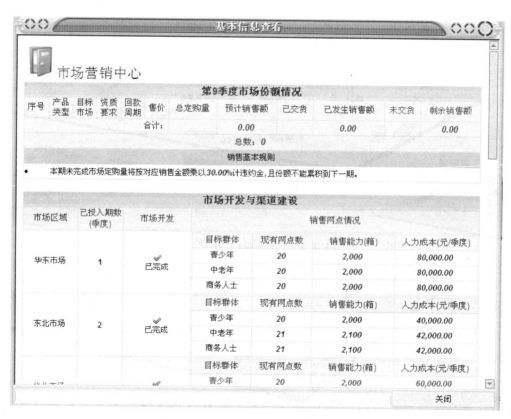

图 3.4.7 "市场营销中心"界面

3. 研发中心

研发中心可以查询到的信息包括企业目前新产品的研发进度及资金投入情况、

相关的基本商业规则等。"研发中心"界面如图 3.4.8 所示。

图 3.4.8 "研发中心"界面

4. 认证中心

认证中心可以查询到的信息包括企业目前的资质认证开发情况和相关的基本商业规则等。"认证中心"界面如图 3.4.9 所示。

图 3.4.9 "认证中心"界面

5. 银行

银行可以查询到的信息包括企业目前的借款情况和授信额度，以及相关的基本商业规则等。"银行"界面如图 3.4.10 所示。

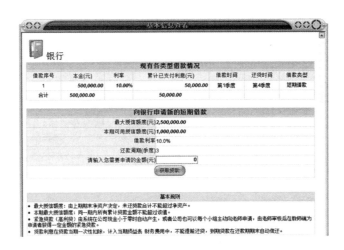

图 3.4.10 "银行"界面

概念链接

什么是授信额度？

授信额度是指商业银行为客户核定的短期授信业务的存量管理指标，一般可分为单笔贷款授信额度、借款企业额度和集团借款企业额度。

只要授信余额不超过对应的业务品种指标，无论累计发放金额和发放次数为多少，商业银行业务部门均可快速向客户提供短期授信，即企业可便捷地循环使用银行的短期授信资金，从而满足客户对金融服务快捷性和便利性的要求。

6. 厂房

厂房可以查询到的信息包括企业目前的厂房状况及相关的基本商业规则等。"厂房"界面如图 3.4.11 所示。

图 3.4.11 "厂房"界面

7. 生产线

生产线可以查询到的信息包括企业目前已有厂房及其生产线的状况、相关的基本商业规则等。“生产线”界面如图 3. 4. 12 所示。

基本信息查看

已有厂房及生产线状况

厂房	处理厂房	厂房来源	厂房内生产线		
1号中型厂房	厂房利用率:2/2=100%	租用	柔性线	已投产	线上没有在制品
			柔性线	已投产	线上没有在制品
2号中型厂房	厂房利用率:2/2=100%	租用	中老年半自动线	已投产	线上没有在制品
			商务人士半自动线	已投产	线上没有在制品

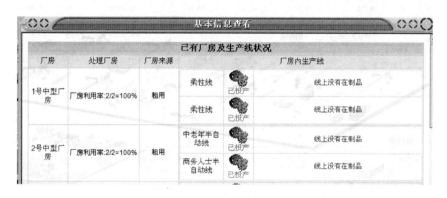

图 3. 4. 12 “生产线”界面

8. 原料仓库

原料仓库可以查询到的信息包括企业目前的原材料库存量及其价值、相关的基本商业规则等。“原料仓库”界面如图 3. 4. 13 所示。

基本信息查看

现有各原料库存

目标群体	当前库存量(箱)	原料采购价(元/箱)	库存价值(元)
青少年	0	200.00	0.00
中老年	0	300.00	0.00
商务人士	0	400.00	0.00
		合计	0.00

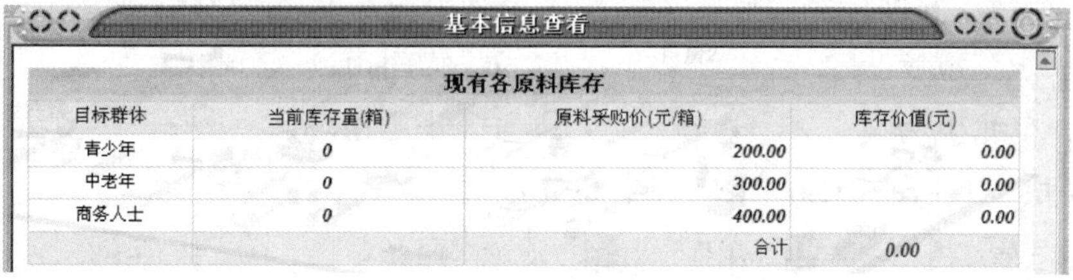

图 3. 4. 13 “原料仓库”界面

9. 成品仓库

成品仓库可以查询到的信息包括企业目前的成品库存量及相关费用、相关的基本商业规则等。“成品仓库”界面如图 3. 4. 14 所示。

图 3.4.14 "成品仓库"界面

习 题

1. 模拟企业的目标客户群体有（　　）。
   A. 青少年客户群体　　　　　　B. 中老年客户群体
   C. 商务人士客户群体　　　　　D. 高端客户群体

2. 消费者一般参考以下哪些因素来确定最终购买哪家企业的产品？（　　）
   A. 产品特性差异　　　　　　　B. 区域广告投入
   C. 产品销售价格　　　　　　　D. 网点销售能力

3. 在模拟经营的第六季度，下列哪个市场不需要 ISO 14000 认证？（　　）
   A. 华东市场　　　　　　　　　B. 华南市场
   C. 东北市场　　　　　　　　　D. 华中市场

4. 模拟企业短期贷款的季度利率为（　　）。
   A. 5%　　　　B. 10%　　　　C. 15%　　　　D. 30%

5. 针对商务人士客户设计的产品最快投入生产的时间为第（　　）经营季度。
   A. 一　　　　B. 二　　　　C. 三　　　　D. 四

第 4 部分

实战操作篇

思维导图

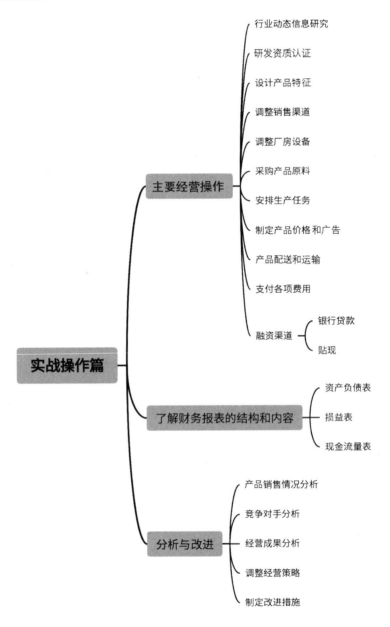

第4部分 实战操作篇

知识目标

> 了解企业竞争战略；
> 学会编制报表；
> 掌握企业经营的分析方法。

技能目标

能够根据企业自身的能力和竞争情况，制定、实施经营战略，并进行八个季度的经营。

本章导读

企业经营是一项综合性很强的复杂工作，它要求管理者具备全面的视角、深远的战略思维和敏锐的竞争意识。在实战操作篇中，我们将结合各种报表，了解企业经营的一系列步骤、方法，学会在竞争中发展。

4.1 企业第一季度的经营管理

你的团队已经成功组建了一家手机制造企业。在即将到来的模拟经营竞赛中，作为管理者，你和团队成员们需要在深入分析商业环境和相关资讯的基础上，为企业制定一套经营战略。在这场竞赛中，所有企业都站在同一条起跑线上——它们拥有相同的起点、资源，并追求着相同的终极目标。因此，自模拟经营开始，每家企业都应依据其长期愿景和短期目标来制定相应的经营战略，这样做可以帮助企业更有效地分配有限的资源，并在市场中建立自身的竞争优势。

企业核心战略的制定应涵盖以下几个关键内容：①生产规模的决策，包括生产线的数量及性能；②营销战略的规划；③财务战略的部署；④不同产品发展的权衡考量；⑤各种产品在不同市场区域发展的策略选择等。这些战略的制定需要综合考虑市场趋势、消费者需求、竞争对手的动向以及潜在的行业风险，以确保企业能够在竞争中稳健前行，并实现长期的可持续发展。

请在下面的方框中，写下你的企业的战略内容。

你的企业的总战略：

_____

_____

你的企业的战略分解：

- 财务战略：_____
- 营销战略：_____
- 生产战略：_____
- 研发战略：_____

所有企业都将经历为期八个季度的模拟经营。在每个季度，企业都会接到若干项经营决策任务。各团队需要对每项任务进行分析、讨论，最终形成企业的经营决策，并输入模拟系统中。

现在我们正式开始第一季度的经营。各团队需要对每项任务进行分析、讨论，最终形成企业的经营决策，并将其输入模拟系统中。表4.1.1中列出了模拟经营企业在第一季度要完成的具体任务，请按顺序执行各项任务。总经理在完成每一项任务后，在表中"完成情况"一栏中画"√"。

表 4.1.1　第一季度经营过程记录表

序号	任务	完成情况	具体活动情况
1	制订本季度战略计划		
2	贷款和贴现		
3	缴纳所得税		
4	行业动态信息		
5	研发资质认证		
6	设计产品特征		
7	调整销售渠道		
8	调整厂房设备		
9	采购产品原料		
10	安排生产任务		
11	制定产品价格和广告		
12	产品配送和运输		
13	支付各项费用		（1）产品设计费用： （2）行政管理费用： （3）所有销售网点人力成本： （4）生产线维修费用： （5）厂房租金： （6）订单违约罚金： （7）生产线折旧费用： （8）厂房折旧费用： （9）其他： 合计：
14	贴现		
15	还贷（息）		
16	支付到期应付账款		
17	经营绩效分析		

在完成本季度的经营后，请各团队将企业模拟经营的情况填入表 4.1.2—表 4.1.8 中。

表 4.1.2　第一季度资产负债表

资　　产	期初数	期末数	负债及所有者权益	期初数	期末数
流动资产：			**流动负债：**		
现金			短期借款		
应收账款			应付税金		
半成品			应付账款		
成品			**流动负债合计**		
原料			**长期负债：**		
流动资产合计			长期借款		
固定资产：			**长期负债合计**		
固定资产原值			**负债合计**		
减：累计折旧			**所有者权益：**		
固定资产净值			实收资本		
无形资产及其他资产：			未分配利润		
无形资产			其中：本期利润		
无形资产合计			**所有者权益合计**		
资产总计			**负债及所有者权益合计**		

表 4.1.3　第一季度损益表

序号	项　　目	累计发生	本期发生
1	**一、主营业务收入**		
2	减：主营业务成本		
3	其中：原材料		
4	加工费		
5	减：营业税金及附加		

续表

序号	项　目	累计发生	本期发生
6	二、主营业务利润		
7	减：营业费用		
8	其中：市场推广费（广告）		
9	渠道开发费（市场开发）		
10	渠道维护费（网点设置＋人力成本）		
11	产品运输费		
12	减：管理费用		
13	其中：行政管理费用		
14	生产线维修费用		
15	生产线折旧费用		
16	生产线变更		
17	厂房折旧		
18	厂房租金		
19	产品设计费用		
20	产品研发		
21	资质认证		
22	减：财务费用		
23	其中：银行贷款利息		
24	紧急贷款利息		
25	贴息		
26	三、营业利润		
27	加：营业外收入		
28	减：营业外支出		

续表

序号	项　　目	累计发生	本期发生
29	其中：渠道撤销费用		
30	订单违约费用		
31	**四、税前利润**		
32	减：所得税		
33	**五、净利润**		

概念链接

什么是损益表？

损益表是用以反映企业在一定期间利润实现（或发生亏损）的财务报表。它是一张动态报表。损益表可以为报表的阅读者提供做出合理的经济决策所需要的有关资料，可用来分析企业利润增减变化的原因，做出投资价值评价等。

损益表的项目，按利润构成和分配分为两个部分。其利润构成部分先列示销售收入，然后减去销售成本得出销售利润，再减去各种费用后得出营业利润（或亏损），再加上营业外收入和减去营业外支出后，即为利润（亏损）总额。利润分配部分先将利润总额减去应交所得税后得出税后利润，其下即为按分配方案提取的公积金和应付利润；如有余额，即为未分配利润。损益表中的利润分配部分如单独划出列示，则为"利润分配表"。

表 4.1.4　第一季度现金流量表

项　　目	金额/元
一、经营活动产生的现金流量	
销售商品收到的现金	
现金流入小计	
购买商品支付的现金	
支付给职工的现金	

续表

项　　目	金额/元
支付的各项税款	
支付其他与经营活动有关的现金	
现金流出小计	
经营活动产生的现金流量净额	
二、投资活动产生的现金流量	
处置固定资产收到的现金	
现金流入小计	
购建固定资产支付的现金	
现金流出小计	
投资活动产生的现金流量净额	
三、筹资活动产生的现金流量	
吸收投资收到的现金	
借款收到的现金	
现金流入小计	
偿还债务支付的现金	
分配股利支付的现金	
偿付利息支付的现金	
现金流出小计	
筹资活动产生的现金流量净额	
四、汇率变动对现金的影响额	
五、现金及现金等价物净增加额	

概念链接

什么是现金流量表？

现金流量表是反映一定时期内（如月度、季度或年度）企业经营活动、投资活动和筹资活动对其现金及现金等价物所产生影响的财务报表。现金流量表详细描述了由企业的经营、投资与筹资活动所产生的现金流。

作为一个分析的工具，现金流量表反映了一家企业在一定时期现金流入和现金流出的动态状况。其组成内容与资产负债表和损益表相一致。现金流量表可以概括反映经营活动、投资活动和筹资活动对企业现金流入流出的影响，对于评价企业的实现利润、财务状况及财务管理，要比传统的损益表提供更好的基础。

现金流量表提供了一家企业经营是否健康的证据。如果一家企业的经营活动产生的现金流无法支付股利与保持股本的生产能力，它得用借款的方式满足这些需要，那么这就给出了一个警告，这家企业从长期来看无法维持正常情况下的支出。现金流量表通过显示经营中产生的现金流量的不足和不得不用借款来支付无法永久支撑的股利水平，从而揭示了企业内在的发展问题。

什么是现金及现金等价物净增加额？

由于没有对外投资业务，我们可以认为，现金的概念等同于资产负债表上的货币资金。货币资金有期初数和期末数，期初数减去期末数得到的差额就是现金及现金等价物的净增加额。现金流量表要表达的，就是这个净增加额由哪些内容组成。

打开现金流量表我们可以看到，表的内容大致分为三大类：经营活动产生的现金流量、投资活动产生的现金流量和筹资活动产生的现金流量。各大类又具体分为若干明细项目。这样分类的目的是给报表使用者提供有关现金流量的信息，并结合现金流量表和其他财务信息对企业做出正确的评价。

表 4.1.5 第一季度产品销售情况统计表

区域	青少年客户产品		中老年客户产品		商务人士客户产品		合　　计	
	销量/箱	份额/%	销量/箱	份额/%	销量/箱	份额/%	销量/箱	份额/%
华东市场								
华南市场								
华北市场								
华中市场								
东北市场								
西南市场								
西北市场								
合计								

表 4.1.6 第一季度竞争对手产品市场分析表

区域	青少年客户产品	中老年客户产品	商务人士客户产品	合　　计
华东市场				
华南市场				

续表

区域	青少年客户产品	中老年客户产品	商务人士客户产品	合　　计
华北市场				
华中市场				
东北市场				
西南市场				
西北市场				
合计				

4 知识拓展

如何做竞争对手分析？

从总体上讲，企业做竞争对手分析，主要包括以下几个方面：

1. 确认企业的竞争对手

广义而言，企业可将制造相同产品或同级产品的企业都视为竞争对手。

2. 确认竞争对手的目标

竞争对手在市场里找寻什么？竞争对手行为的驱动力是什么？此外还必须考虑竞争对手在利润目标以外的目标，以及竞争对手的目标组合，并注意竞争对手用于攻击不同产品/市场细分区域的目标。

3. 确定竞争对手的战略

本企业的战略与其他企业的战略越相似，企业之间的竞争越激烈。在多数行业里，竞争对手可以分成几个追求不同战略的群体。战略性群体即在某一行业里采取相同或类似战略的一群企业。确认竞争对手所属的战略群体将影响企业某些重要认识和决策。

4. 确认竞争对手的优势和劣势

想要确认竞争对手的优势和劣势，就需要收集竞争对手近些年的资料。一般而言，企业可以通过二手资料、个人经历、传闻等来弄清楚竞争对手的优势和劣势，也可以进行顾客价值分析来了解这方面的信息。

5. 确定竞争对手的反应模式

了解竞争对手的目标、战略，都是为了解释其可能的竞争行动，以及其对本企业的产品营销、市场定位及兼并、收购等行为的反应，也就是确定竞争对手的反应模式。此外，竞争对手特殊的经营哲学、企业文化、指导思想等也会影响其反应模式。

6. 确定企业的竞争战略

根据前面对竞争对手进行分析得到的资料，确定本企业相应的竞争战略。

表 4.1.7　第一季度主要竞争对手产品销售统计表

竞争对手	青少年客户产品		中老年客户产品		商务人士客户产品		合　计	
	销量/箱	份额/%	销量/箱	份额/%	销量/箱	份额/%	销量/箱	份额/%

表 4.1.8　第一季度主要竞争对手产能表

竞争对手	青少年客户产品		中老年客户产品		商务人士客户产品		合　　计	
	生产线	数量	生产线	数量	生产线	数量	生产线	数量
合计								

本季度的模拟经营已经结束，一起看看你的企业的经营成果吧！

说明：企业的经营成绩是通过分数来体现的。每个季度结束后，模拟经营系统会自动计算各家企业在不同项目上的得分。"综合表现"得分是"财务表现""市场表现""投资表现""成长表现"四项得分的总和。其中各项权重分别是：财务表现40分，市场表现30分，投资表现20分，成长表现10分。得分没有上限，任何得分超出权重值表示该企业在该项指标上超过了所有企业的平均表现；总得分超过100分则表示该企业的综合经营业绩超过了所有企业的平均表现。具体评分规则详见第5部分"创新创业提升篇"的"5.1.2 经营数据系统分析与战略优化提升"。后面七个季度的经营成果也将按照以上规则进行评分。

企业经营管理沙盘模拟经营分析1

类　　别	第一季度得分	第一季度排名
财务表现		
市场表现		
投资表现		
成长表现		
综合表现		

请谈一谈你的企业在本季度经营管理中出现的问题，并提出改进的措施。

综合：　　　　　（问题）_____
　　　　　　　　（措施）_____
财务管理方面：（问题）_____
　　　　　　　　（措施）_____
市场营销方面：（问题）_____
　　　　　　　　（措施）_____
产品研发方面：（问题）_____
　　　　　　　　（措施）_____
生产制造方面：（问题）_____
　　　　　　　　（措施）_____

想一想

企业在第一季度需要进行战略布局，所以第一季度的经营十分重要。请思考以下问题：

1. 在第一季度，购买厂房和租厂房，哪一种策略更有利于企业经营？

2. 在第一季度，购买两条柔性生产线和购买一条柔性生产线，两种策略各有什么利弊？

4.2　企业第二季度的经营管理

经过第一季度的模拟经营，各团队的企业经营状况均出现了不同程度的变化。为了确保第二季度的经营战略和战术制定更加精准有效，各团队需要对一些关键的经营数据进行记录和分析，以此作为决策和调整的依据。

你的企业在第二季度初的经营情况如何呢？请填写以下信息。

1. 上季度末实际收入：_____万元　　本季度销售收入预测：_____万元
2. 上季度末实际盈利：_____万元　　本季度盈利预测：_____万元
3. 本季度初财务净资产：_____万元
4. 上季度末市场份额：_____%　　　排名：_____
5. 本季度初综合表现：_____　　　　排名：_____

现在我们正式开始第二季度的经营。各团队需要对每项任务进行分析、讨论，最终形成企业的经营决策，并将其输入模拟系统中。表4.2.1中列出了模拟经营企业在第二季度要完成的具体任务，请按顺序执行各项任务。总经理在完成每一项任务后，在表4.2.1的"完成情况"一栏中画"√"。

表4.2.1　第二季度经营过程记录表

序号	任　　务	完成情况	具体活动情况
1	制订本季度战略计划		
2	贷款和贴现		
3	缴纳所得税		
4	行业动态信息		
5	研发资质认证		
6	设计产品特征		
7	调整销售渠道		
8	调整厂房设备		
9	采购产品原料		
10	安排生产任务		
11	制定产品价格和广告		
12	产品配送和运输		
13	支付各项费用		（1）产品设计费用： （2）行政管理费用： （3）所有销售网点人力成本： （4）生产线维修费用： （5）厂房租金： （6）订单违约罚金： （7）生产线折旧费用： （8）厂房折旧费用： （9）其他： 合计：

续表

序号	任务	完成情况	具体活动情况
14	贴现		
15	还贷（息）		
16	支付到期应付账款		
17	经营绩效分析		

在完成本季度的经营后，请各团队将企业模拟经营的情况填入表4.2.2—表4.2.8中。

表4.2.2 第二季度资产负债表

资　　产	期初数	期末数	负债及所有者权益	期初数	期末数
流动资产：			**流动负债：**		
现金			短期借款		
应收账款			应付税金		
半成品			应付账款		
成品			**流动负债合计**		
原料			**长期负债：**		
流动资产合计			长期借款		
固定资产：			**长期负债合计**		
固定资产原值			**负债合计**		
减：累计折旧			**所有者权益：**		
固定资产净值			实收资本		
无形资产及其他资产：			未分配利润		
无形资产			其中：本期利润		
无形资产合计			**所有者权益合计**		
资产总计			**负债及所有者权益合计**		

表 4.2.3　第二季度损益表

序号	项　　目	累计发生	本期发生
1	一、主营业务收入		
2	减：主营业务成本		
3	其中：原材料		
4	加工费		
5	减：营业税金及附加		
6	二、主营业务利润		
7	减：营业费用		
8	其中：市场推广费（广告）		
9	渠道开发费（市场开发）		
10	渠道维护费（网点设置＋人力成本）		
11	产品运输费		
12	减：管理费用		
13	其中：行政管理费用		
14	生产线维修费用		
15	生产线折旧费用		
16	生产线变更		
17	厂房折旧		
18	厂房租金		
19	产品设计费用		
20	产品研发		
21	资质认证		
22	减：财务费用		
23	其中：银行贷款利息		

续表

序号	项　　目	累计发生	本期发生
24	紧急贷款利息		
25	贴息		
26	**三、营业利润**		
27	加：营业外收入		
28	减：营业外支出		
29	其中：渠道撤销费用		
30	订单违约费用		
31	**四、税前利润**		
32	减：所得税		
33	**五、净利润**		

表 4.2.4　第二季度现金流量表

项　　目	金额/元
一、经营活动产生的现金流量	
销售商品收到的现金	
现金流入小计	
购买商品支付的现金	
支付给职工的现金	
支付的各项税款	
支付其他与经营活动有关的现金	
现金流出小计	
经营活动产生的现金流量净额	

续表

项　目	金额/元
二、投资活动产生的现金流量	
处置固定资产收到的现金	
现金流入小计	
购建固定资产支付的现金	
现金流出小计	
投资活动产生的现金流量净额	
三、筹资活动产生的现金流量	
吸收投资收到的现金	
借款收到的现金	
现金流入小计	
偿还债务支付的现金	
分配股利支付的现金	
偿付利息支付的现金	
现金流出小计	
筹资活动产生的现金流量净额	
四、汇率变动对现金的影响额	
五、现金及现金等价物净增加额	

表4.2.5　第二季度产品销售情况统计表

区域	青少年客户产品		中老年客户产品		商务人士客户产品		合计	
	销量/箱	份额/%	销量/箱	份额/%	销量/箱	份额/%	销量/箱	份额/%
华东市场								

续表

区域	青少年客户产品		中老年客户产品		商务人士客户产品		合　计	
	销量/箱	份额/%	销量/箱	份额/%	销量/箱	份额/%	销量/箱	份额/%
华南市场								
华北市场								
华中市场								
东北市场								
西南市场								
西北市场								
合计								

表 4.2.6　第二季度竞争对手产品市场分析表

区域	青少年客户产品	中老年客户产品	商务人士客户产品	合　计
华东市场				
华南市场				
华北市场				
华中市场				

续表

区域	青少年客户产品	中老年客户产品	商务人士客户产品	合　　计
东北市场				
西南市场				
西北市场				
合计				

表 4.2.7　第二季度主要竞争对手产品销售统计表

竞争对手	青少年客户产品		中老年客户产品		商务人士客户产品		合　　计	
	销量/箱	份额/%	销量/箱	份额/%	销量/箱	份额/%	销量/箱	份额/%

表 4.2.8　第二季度主要竞争对手产能表

竞争对手	青少年产品		中老年产品		商务人士产品		合　计	
	生产线	数量	生产线	数量	生产线	数量	生产线	数量
合计								

本季度的模拟经营已经结束，一起看看你的企业的经营成果吧！

类　别	上季度得分	上季度排名	本季度得分	本季度排名
财务表现				
市场表现				
投资表现				
成长表现				
综合表现				

请谈一谈你的企业在本季度经营管理中出现的问题，并提出改进的措施。

综合：　　　　（问题）_____

　　　　　　　（措施）_____

财务管理方面：（问题）_____

　　　　　　　（措施）_____

市场营销方面：（问题）_____
　　　　　　　（措施）_____
产品研发方面：（问题）_____
　　　　　　　（措施）_____
生产制造方面：（问题）_____
　　　　　　　（措施）_____

想一想

经过两个季度的经营，你的企业已取得了一些成果，请思考以下问题：

1. 你的企业已经开拓了多少个市场？在下一个季度如何开拓更多的市场？

2. 你的企业打算在第几季度开始进行 ISO 9000 和 ISO 14000 认证？如果提前或延后进行认证，会产生什么影响？

4.3　企业第三季度的经营管理

在第三季度的经营过程中，我们将继续沿用第二季度的决策框架，对以下几个关键领域进行深入分析：

- 宏观经济环境：持续监测和分析宏观经济趋势，以预测其对企业经营的潜在影响。
- 产品需求：深入研究市场对不同产品的需求动态，以便及时调整生产计划，满足市场需求。
- 营销因素：评估各种营销活动对订单量的具体影响，优化营销策略以提高销售效率。
- 客户偏好与研发：洞察客户消费偏好，并将其与研发投入相结合，以指导产品设计，提升产品的市场竞争力。

此外，企业内部资源的分析也是决策过程中不可或缺的一环：

- 生产能力：评估现有生产线的数量及其效率，确保生产能力与市场需求相匹配。

- 财务状况：密切监控现金流量和借贷能力，为企业的财务健康和扩张计划提供坚实的数据支持。

同时，对竞争对手的分析将帮助我们更好地理解市场格局：

- 投资策略：通过分析竞争对手的投资动向，推断其可能采用的竞争策略，为我们的决策提供参考。
- 市场表现：细致分析竞争对手在各个产品领域和区域市场的表现，从而揭示其优势和弱点，为我们制定有效的竞争策略提供依据。

通过这种全面的分析，我们将能够制定出既符合当前市场状况又具有前瞻性的战略决策，引领企业在第三季度实现稳健的业务增长和市场扩张。

你的企业在第三季度初的经营情况如何呢？请填写以下信息。

1. 上季度末实际收入：_____万元　本季度销售收入预测：_____万元
2. 上季度末实际盈利：_____万元　本季度盈利预测：_____万元
3. 本季度初财务净资产：_____万元
4. 上季度末市场份额：_____%　排名：_____
5. 本季度初综合表现：_____　排名：_____

现在我们正式开始第三季度的经营。各团队需要对每项任务进行分析、讨论，最终形成企业的经营决策，并输入模拟系统中。表4.3.1列出了模拟经营企业在第三季度要完成的具体任务，请按顺序执行各项任务。总经理在完成每一项任务后，在表4.3.1的"完成情况"一栏中画"√"。

表4.3.1　第三季度经营过程记录表

序号	任　　务	完成情况	具体活动情况
1	制订本季度战略计划		
2	贷款和贴现		
3	缴纳所得税		
4	行业动态信息		

贴现讲解视频

续表

序号	任　　务	完成情况	具体活动情况
5	研发资质认证		
6	设计产品特征		
7	调整销售渠道		
8	调整厂房设备		
9	采购产品原料		
10	安排生产任务		
11	制定产品价格和广告		
12	产品配送和运输		
13	支付各项费用		（1）产品设计费用： （2）行政管理费用： （3）所有销售网点人力成本： （4）生产线维修费用： （5）厂房租金： （6）订单违约罚金： （7）生产线折旧费用： （8）厂房折旧费用： （9）其他： 合计：
14	贴现		
15	还贷（息）		
16	支付到期应付账款		
17	经营绩效分析		

在完成本季度的经营后，各团队请将企业模拟经营的情况填入表4.3.2—表4.3.8中。

表 4.3.2　第三季度资产负债表

资　产	期初数	期末数	负债及所有者权益	期初数	期末数
流动资产：			**流动负债：**		
现金			短期借款		
应收账款			应付税金		
半成品			应付账款		
成品			**流动负债合计**		
原料			**长期负债：**		
流动资产合计			长期借款		
固定资产：			**长期负债合计**		
固定资产原值			**负债合计**		
减：累计折旧			**所有者权益：**		
固定资产净值			实收资本		
无形资产及其他资产：			未分配利润		
无形资产			其中：本期利润		
无形资产合计			**所有者权益合计**		
资产总计			**负债及所有者权益合计**		

表 4.3.3　第三季度损益表

序号	项　目	累计发生	本期发生
1	**一、主营业务收入**		
2	减：主营业务成本		
3	其中：原材料		
4	加工费		
5	减：营业税金及附加		
6	**二、主营业务利润**		
7	减：营业费用		

续表

序号	项　　目	累计发生	本期发生
8	其中：市场推广费（广告）		
9	渠道开发费（市场开发）		
10	渠道维护费（网点设置+人力成本）		
11	产品运输费		
12	减：管理费用		
13	其中：行政管理费用		
14	生产线维修费用		
15	生产线折旧费用		
16	生产线变更		
17	厂房折旧		
18	厂房租金		
19	产品设计费用		
20	产品研发		
21	资质认证		
22	减：财务费用		
23	其中：银行贷款利息		
24	紧急贷款利息		
25	贴息		
26	三、营业利润		
27	加：营业外收入		
28	减：营业外支出		
29	其中：渠道撤销费用		
30	订单违约费用		
31	四、税前利润		
32	减：所得税		
33	五、净利润		

表 4.3.4 　第三季度现金流量表

项　　目	金额/元
一、经营活动产生的现金流量	
销售商品收到的现金	
现金流入小计	
购买商品支付的现金	
支付给职工的现金	
支付的各项税款	
支付其他与经营活动有关的现金	
现金流出小计	
经营活动产生的现金流量净额	
二、投资活动产生的现金流量	
处置固定资产收到的现金	
现金流入小计	
购建固定资产支付的现金	
现金流出小计	
投资活动产生的现金流量净额	
三、筹资活动产生的现金流量	
吸收投资收到的现金	
借款收到的现金	
现金流入小计	
偿还债务支付的现金	
分配股利支付的现金	
偿付利息支付的现金	
现金流出小计	

续表

项　　目	金额/元
筹资活动产生的现金流量净额	
四、汇率变动对现金的影响额	
五、现金及现金等价物净增加额	

表 4.3.5　第三季度产品销售情况统计表

区域	青少年产品		中老年产品		商务人士产品		合　　计	
	销量/箱	份额/%	销量/箱	份额/%	销量/箱	份额/%	销量/箱	份额/%
华东市场								
华南市场								
华北市场								
华中市场								
东北市场								
西南市场								
西北市场								
合计								

表 4.3.6　第三季度竞争对手产品市场分析表

区域	青少年产品	中老年产品	商务人士产品	合　　计
华东市场				
华南市场				
华北市场				
华中市场				
东北市场				
西南市场				
西北市场				
合计				

表 4.3.7　第三季度主要竞争对手产品销售统计表

竞争对手	青少年产品		中老年产品		商务人士产品		合　　计	
	销量/箱	份额/%	销量/箱	份额/%	销量/箱	份额/%	销量/箱	份额/%

续表

竞争对手	青少年产品		中老年产品		商务人士产品		合　计	
	销量/箱	份额/%	销量/箱	份额/%	销量/箱	份额/%	销量/箱	份额/%

表 4.3.8　第三季度主要竞争对手产能表

竞争对手	青少年产品		中老年产品		商务人士产品		合　计	
	生产线	数量	生产线	数量	生产线	数量	生产线	数量
合计								

本季度的模拟经营已经结束，一起看看你的企业的经营成果吧！

类　别	上季度得分	上季度排名	本季度得分	本季度排名
财务表现				
市场表现				
投资表现				
成长表现				
综合表现				

请谈一谈你的企业在本季度经营管理中出现的问题，并提出改进的措施。

综合：　　　　（问题）_____
　　　　　　　（措施）_____

财务管理方面：（问题）_____
　　　　　　　（措施）_____

市场营销方面：（问题）_____
　　　　　　　（措施）_____

产品研发方面：（问题）_____
　　　　　　　（措施）_____

生产制造方面：（问题）_____
　　　　　　　（措施）_____

想一想

在第三季度，很多企业会感到资金紧张，请思考以下问题：

1. 你的企业在现金流动方面是否与期初的预测保持一致？如果存在偏差，那么这些差异的根源是什么？
2. 如何进行贷款才能实现最优的融资效果？

4.4 ■ 企业第四季度的经营管理

你的企业在第四季度初的经营情况如何呢？请填写以下信息。

```
1. 上季度末实际收入：_____万元    本季度销售收入预测：_____万元
2. 上季度末实际盈利：_____万元    本季度盈利预测：_____万元
3. 本季度初财务净资产：_____万元
4. 上季度末市场份额：_____%      排名：_____
5. 本季度初综合表现：_____        排名：_____
```

现在我们正式开始第四季度的经营。各团队需要对每项任务进行分析、讨论，最终形成企业的经营决策，并将其输入模拟系统中。表4.4.1中列出了模拟经营企业在第四季度要完成的具体任务,请按顺序执行各项任务。总经理在完成每一项任务后,在表 4.4.1 的"完成情况"一栏中画"√"。

表 4.4.1　第四季度经营过程记录表

序号	任　　务	完成情况	具体活动情况
1	制订本季度战略计划		
2	贷款和贴现		
3	缴纳所得税		
4	行业动态信息		
5	研发资质认证		
6	设计产品特征		
7	调整销售渠道		
8	调整厂房设备		
9	采购产品原料		
10	安排生产任务		
11	制定产品价格和广告		
12	产品配送和运输		
13	支付各项费用		(1) 产品设计费用: (2) 行政管理费用: (3) 所有销售网点人力成本: (4) 生产线维修费用: (5) 厂房租金: (6) 订单违约罚金: (7) 生产线折旧费用: (8) 厂房折旧费用: (9) 其他: 合计:
14	贴现		
15	还贷(息)		
16	支付到期应付账款		
17	经营绩效分析		

在完成本季度的经营后，请各团队将企业模拟经营的情况填入表 4.4.2—表 4.4.8 中。

表 4.4.2　第四季度资产负债表

资　　产	期初数	期末数	负债及所有者权益	期初数	期末数
流动资产：			**流动负债：**		
现金			短期借款		
应收账款			应付税金		
半成品			应付账款		
成品			**流动负债合计**		
原料			**长期负债：**		
流动资产合计			长期借款		
固定资产：			**长期负债合计**		
固定资产原值			**负债合计**		
减：累计折旧			**所有者权益：**		
固定资产净值			实收资本		
无形资产及其他资产：			未分配利润		
无形资产			其中：本期利润		
无形资产合计			**所有者权益合计**		
资产总计			**负债及所有者权益合计**		

表 4.4.3　第四季度损益表

序号	项　　目	累计发生	本期发生
1	**一、主营业务收入**		
2	减：主营业务成本		
3	其中：原材料		
4	加工费		
5	减：营业税金及附加		

续表

序号	项 目	累计发生	本期发生
6	**二、主营业务利润**		
7	减：营业费用		
8	其中：市场推广费（广告）		
9	渠道开发费（市场开发）		
10	渠道维护费（网点设置＋人力成本）		
11	产品运输费		
12	减：管理费用		
13	其中：行政管理费用		
14	生产线维修费用		
15	生产线折旧费用		
16	生产线变更		
17	厂房折旧		
18	厂房租金		
19	产品设计费用		
20	产品研发		
21	资质认证		
22	减：财务费用		
23	其中：银行贷款利息		
24	紧急贷款利息		
25	贴息		
26	**三、营业利润**		
27	加：营业外收入		
28	减：营业外支出		

续表

序号	项 目	累计发生	本期发生
29	其中：渠道撤销费用		
30	订单违约费用		
31	四、税前利润		
32	减：所得税		
33	五、净利润		

表 4.4.4　第四季度现金流量表

项 目	金额/元
一、经营活动产生的现金流量	
销售商品收到的现金	
现金流入小计	
购买商品支付的现金	
支付给职工的现金	
支付的各项税款	
支付其他与经营活动有关的现金	
现金流出小计	
经营活动产生的现金流量净额	
二、投资活动产生的现金流量	
处置固定资产收到的现金	
现金流入小计	
购建固定资产支付的现金	
现金流出小计	
投资活动产生的现金流量净额	

续表

项　　目	金额/元
三、筹资活动产生的现金流量	
吸收投资收到的现金	
借款收到的现金	
现金流入小计	
偿还债务支付的现金	
分配股利支付的现金	
偿付利息支付的现金	
现金流出小计	
筹资活动产生的现金流量净额	
四、汇率变动对现金的影响额	
五、现金及现金等价物净增加额	

表 4.4.5　第四季度产品销售情况统计表

区域	青少年客户产品		中老年客户产品		商务人士客户产品		合　计	
	销量/箱	份额/%	销量/箱	份额/%	销量/箱	份额/%	销量/箱	份额/%
华东市场								
华南市场								
华北市场								
华中市场								
东北市场								

续表

区域	青少年客户产品		中老年客户产品		商务人士客户产品		合　计	
	销量/箱	份额/%	销量/箱	份额/%	销量/箱	份额/%	销量/箱	份额/%
西南市场								
西北市场								
合计								

表 4.4.6　第四季度竞争对手产品市场分析表

区域	青少年客户产品	中老年客户产品	商务人士客户产品	合　计
华东市场				
华南市场				
华北市场				
华中市场				
东北市场				
西南市场				
西北市场				
合计				

表 4.4.7　第四季度主要竞争对手产品销售统计表

竞争对手	青少年客户产品		中老年客户产品		商务人士客户产品		合　计	
	销量/箱	份额/%	销量/箱	份额/%	销量/箱	份额/%	销量/箱	份额/%

表 4.4.8　第四季度主要竞争对手产能表

竞争对手	青少年客户产品		中老年客户产品		商务人士客户产品		合　计	
	生产线	数量	生产线	数量	生产线	数量	生产线	数量
合计								

本季度的模拟经营已经结束，一起看看你的企业的经营成果吧！

类　别	上季度得分	上季度排名	本季度得分	本季度排名
财务表现				
市场表现				
投资表现				
成长表现				
综合表现				

请谈一谈你的企业在本季度经营管理中出现的问题，并提出改进的措施。

综合：　　　　（问题）_____
　　　　　　　（措施）_____
财务管理方面：（问题）_____
　　　　　　　（措施）_____
市场营销方面：（问题）_____
　　　　　　　（措施）_____
产品研发方面：（问题）_____
　　　　　　　（措施）_____
生产制造方面：（问题）_____
　　　　　　　（措施）_____

想一想

在第四季度，企业的经营周期已过半，每家企业的经营态势都不相同。请思考以下问题：

1. 在第四季度，不少企业产能不足，在此情况下，柔性生产线应该优先生产哪类产品？
2. 通过分析企业的综合表现，你的企业的优势和劣势分别是什么？
3. 在接下来的企业经营中，你的企业将会采取什么样的经营策略？

4.5　企业第五季度的经营管理

经过前四个季度的精心经营，企业的战略实施已经进入一个稳固的发展阶段。随着各项数据的调整日益精准，企业经营的成熟度也在不断提升。此时，管理者在审阅各类报告时，应仔细分析其中的信息（如市场份额、销售量等关键数据），并据此对相关经营数据进行微调，以确保它们更贴合实际经营的需求。在此基础上，各团队应精心制定第五季度的经营决策，旨在进一步巩固市场地位，优化资源配置，提升经营效率，从而推动企业向更高的业绩目标迈进。

你的企业在第五季度初的经营情况如何呢？请填写以下信息。

1. 上季度末实际收入：_____万元　　本季度销售收入预测：_____万元
2. 上季度末实际盈利：_____万元　　本季度盈利预测：_____万元
3. 本季度初财务净资产：_____万元
4. 上季度末市场份额：_____%　　排名：_____
5. 本季度初综合表现：_____　　　　排名：_____

现在我们正式开始第五季度的经营。各团队需要对每项任务进行分析、讨论，最终形成企业的经营决策，并将其输入模拟系统中。表4.5.1中列出了模拟经营企业在第五季度要完成的具体任务，请按顺序执行各项任务。总经理在完成每一项任务后，在表4.5.1的"完成情况"一栏中画"√"。

表4.5.1　第五季度经营过程记录表

序号	任　　务	完成情况	具体活动情况
1	制订本季度战略计划		
2	贷款和贴现		
3	缴纳所得税		
4	行业动态信息		
5	研发资质认证		
6	设计产品特征		
7	调整销售渠道		
8	调整厂房设备		
9	采购产品原料		
10	安排生产任务		
11	制定产品价格和广告		
12	产品配送和运输		

续表

序号	任务	完成情况	具体活动情况
13	支付各项费用		(1) 产品设计费用： (2) 行政管理费用： (3) 所有销售网点人力成本： (4) 生产线维修费用： (5) 厂房租金： (6) 订单违约罚金： (7) 生产线折旧费用： (8) 厂房折旧费用： (9) 其他 合计：
14	贴现		
15	还贷（息）		
16	支付到期应付账款		
17	经营绩效分析		

在完成本季度的经营后，请各团队将企业模拟经营的情况填入表4.5.2—表4.5.8中。

表4.5.2 第五季度资产负债表

资产	期初数	期末数	负债及所有者权益	期初数	期末数
流动资产：			流动负债：		
现金			短期借款		
应收账款			应付税金		
半成品			应付账款		
成品			流动负债合计		
原料			长期负债：		
流动资产合计			长期借款		

续表

资　　产	期初数	期末数	负债及所有者权益	期初数	期末数
固定资产：			**长期负债合计**		
固定资产原值			**负债合计**		
减：累计折旧			**所有者权益：**		
固定资产净值			**实收资本**		
无形资产及其他资产：			未分配利润		
无形资产			其中：本期利润		
无形资产合计			**所有者权益合计**		
资产总计			**负债及所有者权益合计**		

表 4.5.3　第五季度损益表

序号	项　　目	累计发生	本期发生
1	**一、主营业务收入**		
2	减：主营业务成本		
3	其中：原材料		
4	加工费		
5	减：营业税金及附加		
6	**二、主营业务利润**		
7	减：营业费用		
8	其中：市场推广费（广告）		
9	渠道开发费（市场开发）		
10	渠道维护费（网点设置＋人力成本）		
11	产品运输费		
12	减：管理费用		

续表

序号	项　　目	累计发生	本期发生
13	其中：行政管理费用		
14	生产线维修费用		
15	生产线折旧费用		
16	生产线变更		
17	厂房折旧		
18	厂房租金		
19	产品设计费用		
20	产品研发		
21	资质认证		
22	减：财务费用		
23	其中：银行贷款利息		
24	紧急贷款利息		
25	贴息		
26	**三、营业利润**		
27	加：营业外收入		
28	减：营业外支出		
29	其中：渠道撤销费用		
30	订单违约费用		
31	**四、税前利润**		
32	减：所得税		
33	**五、净利润**		

表 4.5.4　第五季度现金流量表

项　　目	金额/元
一、经营活动产生的现金流量	
销售商品收到的现金	
现金流入小计	
购买商品支付的现金	
支付给职工的现金	
支付的各项税款	
支付其他与经营活动有关的现金	
现金流出小计	
经营活动产生的现金流量净额	
二、投资活动产生的现金流量	
处置固定资产收到的现金	
现金流入小计	
购建固定资产支付的现金	
现金流出小计	
投资活动产生的现金流量净额	
三、筹资活动产生的现金流量	
吸收投资收到的现金	
借款收到的现金	
现金流入小计	
偿还债务支付的现金	
分配股利支付的现金	
偿付利息支付的现金	
现金流出小计	
筹资活动产生的现金流量净额	
四、汇率变动对现金的影响额	
五、现金及现金等价物净增加额	

表 4.5.5　第五季度产品销售情况统计表

区域	青少年客户产品		中老年客户产品		商务人士客户产品		合　计	
	销量/箱	份额/%	销量/箱	份额/%	销量/箱	份额/%	销量/箱	份额/%
华东市场								
华南市场								
华北市场								
华中市场								
东北市场								
西南市场								
西北市场								
合计								

表4.5.6　第五季度竞争对手产品市场分析表

区域	青少年客户产品	中老年客户产品	商务人士客户产品	合　　计
华东市场				
华南市场				
华北市场				
华中市场				
东北市场				
西南市场				
西北市场				
合计				

表4.5.7　第五季度主要竞争对手产品销售统计表

竞争对手	青少年客户产品		中老年客户产品		商务人士客户产品		合　　计	
	销量/箱	份额/%	销量/箱	份额/%	销量/箱	份额/%	销量/箱	份额/%

表 4.5.8　第五季度主要竞争对手产能表

竞争对手	青少年客户产品		中老年客户产品		商务人士客户产品		合　　计	
	生产线	数量	生产线	数量	生产线	数量	生产线	数量
合计								

本季度的模拟经营已经结束，一起看看你的企业的经营成果吧！

类　　别	上季度得分	上季度排名	本季度得分	本季度排名
财务表现				
市场表现				
投资表现				
成长表现				
综合表现				

谈一谈你的企业在本季度经营管理中出现的问题，并提出改进的措施。

综合：　　　　（问题）_____

　　　　　　　（措施）_____

财务管理方面：（问题）_____

　　　　　　　（措施）_____

市场营销方面：（问题）_____

　　　　　　　（措施）_____

产品研发方面：（问题）_____

　　　　　　　　　（措施）_____

　　生产制造方面：（问题）_____

　　　　　　　　　（措施）_____

> **想一想**

在第五季度，各个团队普遍认为，有众多因素需要进行分析。请思考以下问题：

1. 生产线的生产能力、销售网点的销售能力应该怎么设置比较合理？
2. 目前市场供需态势怎么样？你的企业将会采取什么样的经营战略？
3. 在激烈的市场竞争中，你们团队采取了哪些方法去了解竞争对手？如何进行分工的？

4.6　企业第六季度的经营管理

你的企业在第六季度初的经营情况如何呢？请填写以下信息。

```
1. 上季度末实际收入：_____万元    本季度销售收入预测：_____万元
2. 上季度末实际盈利：_____万元    本季度盈利预测：_____万元
3. 本季度初财务净资产：_____万元
4. 上季度末市场份额：_____%      排名：_____
5. 本季度初综合表现：_____       排名：_____
```

现在我们正式开始第六季度的经营。各团队需要对每项任务进行分析、讨论，最终形成企业的经营决策，并将其输入模拟系统中。

表4.6.1中列出了模拟经营企业在第六季度要完成的具体任务，请按顺序执行各项任务。总经理在完成每一项任务后，在表4.6.1的"完成情况"一栏中画"√"。

表 4.6.1　第六季度经营过程记录表

序号	任　务	完成情况	具体活动情况
1	制订本季度战略计划		
2	贷款和贴现		
3	缴纳所得税		
4	行业动态信息		
5	研发资质认证		
6	设计产品特征		
7	调整销售渠道		
8	调整厂房设备		
9	采购产品原料		
10	安排生产任务		
11	制定产品价格和广告		
12	产品配送和运输		
13	支付各项费用		（1）产品设计费用： （2）行政管理费用： （3）所有销售网点人力成本： （4）生产线维修费用： （5）厂房租金： （6）订单违约罚金： （7）生产线折旧费用： （8）厂房折旧费用： （9）其他： 合计：
14	贴现		
15	还贷（息）		
16	支付到期应付账款		
17	经营绩效分析		

在完成本季度的经营后,请各团队将企业模拟经营的情况填入表4.6.2—表4.6.8中。

表4.6.2 第六季度资产负债表

资产	期初数	期末数	负债及所有者权益	期初数	期末数
流动资产:			**流动负债:**		
现金			短期借款		
应收账款			应付税金		
半成品			应付账款		
成品			**流动负债合计**		
原料			**长期负债:**		
流动资产合计			长期借款		
固定资产:			**长期负债合计**		
固定资产原值			**负债合计**		
减:累计折旧			**所有者权益:**		
固定资产净值			**实收资本**		
无形资产及其他资产:			未分配利润		
无形资产			其中:本期利润		
无形资产合计			**所有者权益合计**		
资产总计			**负债及所有者权益合计**		

表4.6.3 第六季度损益表

序号	项目	累计发生	本期发生
1	一、主营业务收入		
2	减:主营业务成本		
3	其中:原材料		

续表

序号	项 目	累计发生	本期发生
4	加工费		
5	减：营业税金及附加		
6	**二、主营业务利润**		
7	减：营业费用		
8	其中：市场推广费（广告）		
9	渠道开发费（市场开发）		
10	渠道维护费（网点设置＋人力成本）		
11	产品运输费		
12	减：管理费用		
13	其中：行政管理费用		
14	生产线维修费用		
15	生产线折旧费用		
16	生产线变更		
17	厂房折旧		
18	厂房租金		
19	产品设计费用		
20	产品研发		
21	资质认证		
22	减：财务费用		
23	其中：银行贷款利息		
24	紧急贷款利息		
25	贴息		
26	**三、营业利润**		

续表

序号	项　　目	累计发生	本期发生
27	加：营业外收入		
28	减：营业外支出		
29	其中：渠道撤销费用		
30	订单违约费用		
31	**四、税前利润**		
32	减：所得税		
33	**五、净利润**		

表 4.6.4　第六季度现金流量表

项　　目	金额/元
一、经营活动产生的现金流量	
销售商品收到的现金	
现金流入小计	
购买商品支付的现金	
支付给职工的现金	
支付的各项税款	
支付其他与经营活动有关的现金	
现金流出小计	
经营活动产生的现金流量净额	
二、投资活动产生的现金流量	
处置固定资产收到的现金	
现金流入小计	
购建固定资产支付的现金	

续表

项　　目	金额/元
现金流出小计	
投资活动产生的现金流量净额	
三、筹资活动产生的现金流量	
吸收投资收到的现金	
借款收到的现金	
现金流入小计	
偿还债务支付的现金	
分配股利支付的现金	
偿付利息支付的现金	
现金流出小计	
筹资活动产生的现金流量净额	
四、汇率变动对现金的影响额	
五、现金及现金等价物净增加额	

表4.6.5　第六季度产品销售情况统计表

区域	青少年客户产品		中老年客户产品		商务人士客户产品		合　　计	
	销量/箱	份额/%	销量/箱	份额/%	销量/箱	份额/%	销量/箱	份额/%
华东市场								
华南市场								
华北市场								
华中市场								

续表

区域	青少年客户产品		中老年客户产品		商务人士客户产品		合　　计	
	销量/箱	份额/%	销量/箱	份额/%	销量/箱	份额/%	销量/箱	份额/%
东北市场								
西南市场								
西北市场								
合计								

表4.6.6　第六季度竞争对手产品市场分析表

区域	青少年客户产品	中老年客户产品	商务人士客户产品	合　　计
华东市场				
华南市场				
华北市场				
华中市场				
东北市场				
西南市场				
西北市场				
合计				

表 4.6.7　第六季度主要竞争对手产品销售统计表

竞争对手	青少年客户产品		中老年客户产品		商务人士客户产品		合　　计	
	销量/箱	份额/%	销量/箱	份额/%	销量/箱	份额/%	销量/箱	份额/%

表 4.6.8　第六季度主要竞争对手产能表

竞争对手	青少年客户产品		中老年客户产品		商务人士客户产品		合　　计	
	生产线	数量	生产线	数量	生产线	数量	生产线	数量
合计								

本季度的模拟经营已经结束，一起看看你的企业的经营成果吧！

类　　别	上季度得分	上季度排名	本季度得分	本季度排名
财务表现				
市场表现				
投资表现				
成长表现				
综合表现				

请谈一谈你的企业在本季度经营管理中出现的问题,并提出改进的措施。

综合： （问题）＿＿＿＿＿＿＿＿＿＿＿＿＿＿＿＿＿＿＿＿＿＿＿＿
　　　 （措施）＿＿＿＿＿＿＿＿＿＿＿＿＿＿＿＿＿＿＿＿＿＿＿＿

财务管理方面：（问题）＿＿＿＿＿＿＿＿＿＿＿＿＿＿＿＿＿＿＿
　　　　　　　（措施）＿＿＿＿＿＿＿＿＿＿＿＿＿＿＿＿＿＿＿

市场营销方面：（问题）＿＿＿＿＿＿＿＿＿＿＿＿＿＿＿＿＿＿＿
　　　　　　　（措施）＿＿＿＿＿＿＿＿＿＿＿＿＿＿＿＿＿＿＿

产品研发方面：（问题）＿＿＿＿＿＿＿＿＿＿＿＿＿＿＿＿＿＿＿
　　　　　　　（措施）＿＿＿＿＿＿＿＿＿＿＿＿＿＿＿＿＿＿＿

生产制造方面：（问题）＿＿＿＿＿＿＿＿＿＿＿＿＿＿＿＿＿＿＿
　　　　　　　（措施）＿＿＿＿＿＿＿＿＿＿＿＿＿＿＿＿＿＿＿

想一想

企业模拟经营已进行了六个季度,市场竞争趋于白热化,请思考以下问题：

1. 如果要在本季度增加生产线,半自动生产线、全自动生产线和柔性生产线,哪种更合适?

2. 在分析竞争对手时,有的企业市场表现得分比你的企业低,但成长表现得分比你的企业高,这说明什么?

4.7　企业第七季度的经营管理

你的企业在第七季度初的经营情况如何呢?请填写以下信息。

---

1. 上季度末实际收入：＿＿＿＿＿万元　　本季度销售收入预测：＿＿＿＿＿万元
2. 上季度末实际盈利：＿＿＿＿＿万元　　本季度盈利预测：＿＿＿＿＿万元
3. 本季度初财务净资产：＿＿＿＿＿万元
4. 上季度末市场份额：＿＿＿＿＿%　　　排名：＿＿＿＿＿
5. 本季度初综合表现：＿＿＿＿＿　　　　排名：＿＿＿＿＿

现在我们正式开始第七季度的经营。各团队需要对每项任务进行分析、讨论,最终形成企业的经营决策,并将其输入模拟系统中。表4.7.1中列出了模拟经营企

业在第七季度要完成的具体任务,请按顺序执行各项任务。总经理在完成每一项任务后,在表4.7.1的"完成情况"一栏中画"√"。

表 4.7.1　第七季度经营过程记录表

序号	任务	完成情况	具体活动情况
1	制订本季度战略计划		
2	贷款和贴现		
3	缴纳所得税		
4	行业动态信息		
5	研发资质认证		
6	设计产品特征		
7	调整销售渠道		
8	调整厂房设备		
9	采购产品原料		
10	安排生产任务		
11	制定产品价格和广告		
12	产品配送和运输		
13	支付各项费用		（1）产品设计费用： （2）行政管理费用： （3）所有销售网点人力成本： （4）生产线维修费用： （5）厂房租金： （6）订单违约罚金： （7）生产线折旧费用： （8）厂房折旧费用： （9）其他： 合计：
14	贴现		
15	还贷（息）		
16	支付到期应付账款		
17	经营绩效分析		

在完成本季度经营后,请各团队将本季度企业模拟经营的结果填入表4.7.2—表4.7.8中。

表 4.7.2　第七季度资产负债表

资　产	期初数	期末数	负债及所有者权益	期初数	期末数
流动资产:			**流动负债:**		
现金			短期借款		
应收账款			应付税金		
半成品			应付账款		
成品			**流动负债合计**		
原料			**长期负债:**		
流动资产合计			长期借款		
固定资产:			**长期负债合计**		
固定资产原值			**负债合计**		
减:累计折旧			**所有者权益:**		
固定资产净值			**实收资本**		
无形资产及其他资产:			未分配利润		
无形资产			其中:本期利润		
无形资产合计			**所有者权益合计**		
资产总计			**负债及所有者权益合计**		

表 4.7.3　第七季度损益表

序号	项　目	累计发生	本期发生
1	一、主营业务收入		
2	减:主营业务成本		
3	其中:原材料		

续表

序号	项　　目	累计发生	本期发生
4	加工费		
5	减：营业税金及附加		
6	二、主营业务利润		
7	减：营业费用		
8	其中：市场推广费（广告）		
9	渠道开发费（市场开发）		
10	渠道维护费（网点设置+人力成本）		
11	产品运输费		
12	减：管理费用		
13	其中：行政管理费用		
14	生产线维修费用		
15	生产线折旧费用		
16	生产线变更		
17	厂房折旧		
18	厂房租金		
19	产品设计费用		
20	产品研发		
21	资质认证		
22	减：财务费用		
23	其中：银行贷款利息		
24	紧急贷款利息		
25	贴息		
26	三、营业利润		

续表

序号	项　　目	累计发生	本期发生
27	加：营业外收入		
28	减：营业外支出		
29	其中：渠道撤销费用		
30	订单违约费用		
31	**四、税前利润**		
32	减：所得税		
33	**五、净利润**		

表 4.7.4　第七季度现金流量表

项　　目	金额/元
一、经营活动产生的现金流量	
销售商品收到的现金	
现金流入小计	
购买商品支付的现金	
支付给职工的现金	
支付的各项税款	
支付其他与经营活动有关的现金	
现金流出小计	
经营活动产生的现金流量净额	
二、投资活动产生的现金流量	
处置固定资产收到的现金	
现金流入小计	
购建固定资产支付的现金	

续表

项　目	金额/元
现金流出小计	
投资活动产生的现金流量净额	
三、筹资活动产生的现金流量	
吸收投资收到的现金	
借款收到的现金	
现金流入小计	
偿还债务支付的现金	
分配股利支付的现金	
偿付利息支付的现金	
现金流出小计	
筹资活动产生的现金流量净额	
四、汇率变动对现金的影响额	
五、现金及现金等价物净增加额	

表 4.7.5　第七季度产品销售情况统计表

区域	青少年客户产品		中老年客户产品		商务人士客户产品		合　计	
	销量/箱	份额/%	销量/箱	份额/%	销量/箱	份额/%	销量/箱	份额/%
华东市场								
华南市场								
华北市场								
华中市场								

续表

区域	青少年客户产品		中老年客户产品		商务人士客户产品		合计	
	销量/箱	份额/%	销量/箱	份额/%	销量/箱	份额/%	销量/箱	份额/%
东北市场								
西南市场								
西北市场								
合计								

表 4.7.6　第七季度竞争对手产品市场分析表

区域	青少年客户产品	中老年客户产品	商务人士客户产品	合计
华东市场				
华南市场				
华北市场				
华中市场				
东北市场				
西南市场				
西北市场				
合计				

表 4.7.7　第七季度主要竞争对手产品销售统计表

竞争对手	青少年客户产品		中老年客户产品		商务人士客户产品		合　计	
	销量/箱	份额/%	销量/箱	份额/%	销量/箱	份额/%	销量/箱	份额/%

表 4.7.8　第七季度主要竞争对手产能表

竞争对手	青少年客户产品		中老年客户产品		商务人士客户产品		合　计	
	生产线	数量	生产线	数量	生产线	数量	生产线	数量
合计								

本季度的模拟经营已经结束，一起看看你的企业的经营成果吧！

类　　别	上季度得分	上季度排名	本季度累计得分	本季度累计排名
财务表现				
市场表现				
投资表现				
成长表现				
综合表现				

请谈一谈你的企业在本季度经营管理中出现的问题,并提出改进的措施。

综合:　　　　　(问题) _____
　　　　　　　　(措施) _____
财务管理方面:(问题) _____
　　　　　　　　(措施) _____
市场营销方面:(问题) _____
　　　　　　　　(措施) _____
产品研发方面:(问题) _____
　　　　　　　　(措施) _____
生产制造方面:(问题) _____
　　　　　　　　(措施) _____

想一想

在第七季度,企业的市场竞争异常激烈,请思考以下问题:

1. 在你的企业中,根据现有生产线的数量和结构,如何在青少年客户产品、中老年客户产品和商务人士客户产品中分配产能?

2. 本季度模拟经营不够理想的企业,特别是模拟经营非常困难的企业,请分析一下原因。

4.8　企业第八季度的经营管理

根据模拟经营系统的规则,本季度标志着经营周期的结束。在此期间,将对所有参与模拟经营的企业进行最终的业绩评定,并据此确定各企业的最终排名。企业所取得的最终经营成果,是在过去八个季度的模拟经营过程中,通过精心制定、执行、监控和调整战略逐步形成的。此外,企业在市场拓展、生产管理、财务管理等各个关键领域的协调一致发展,对确保战略的顺利实施起到了至关重要的作用。为了在最终评定中脱颖而出,各企业需要在本季度继续展现自身卓越的战略规划能力、经营效率和市场竞争力。

你的企业在第八季度的经营情况如何呢?请填写以下信息。

1. 上季度末实际收入：_____万元　　本季度销售收入预测：_____万元
2. 上季度末实际盈利：_____万元　　本季度盈利预测：_____万元
3. 本季度初财务净资产：_____万元
4. 上季度末市场份额：_____%　　排名：_____
5. 本季度初综合表现：_____　　　排名：_____

现在我们正式开始第八季度的经营。各团队需要对每项任务进行分析、讨论，最终形成企业的经营决策，并将其输入模拟系统中。

表4.8.1中列出了模拟经营企业在本季度要完成的具体任务，请按顺序执行各项任务。总经理在完成每一项任务后，在表中"完成情况"一栏中画"√"。

表4.8.1　第八季度经营过程记录表

序号	任　　务	完成情况	具体活动情况
1	制订本季度战略计划		
2	贷款和贴现		
3	缴纳所得税		
4	行业动态信息		
5	研发资质认证		
6	设计产品特征		
7	调整销售渠道		
8	调整厂房设备		
9	采购产品原料		
10	安排生产任务		
11	制定产品价格和广告		
12	产品配送和运输		

续表

序号	任　　务	完成情况	具体活动情况
13	支付各项费用		(1) 产品设计费用： (2) 行政管理费用： (3) 所有销售网点人力成本： (4) 生产线维修费用： (5) 厂房租金： (6) 订单违约罚金： (7) 生产线折旧费用： (8) 厂房折旧费用： (9) 其他： 合计：
14	贴现		
15	还贷（息）		
16	支付到期应付账款		
17	经营绩效分析		

在完成本季度的经营后，请各团队将企业模拟经营的情况填入表4.8.2—表4.8.8中。

表 4.8.2　第八季度资产负债表

资　　产	期初数	期末数	负债及所有者权益	期初数	期末数
流动资产：			**流动负债：**		
现金			短期借款		
应收账款			应付税金		
半成品			应付账款		
成品			**流动负债合计**		
原料			**长期负债：**		
流动资产合计			长期借款		

续表

资　　产	期初数	期末数	负债及所有者权益	期初数	期末数
固定资产：			**长期负债合计**		
固定资产原值			**负债合计**		
减：累计折旧			**所有者权益：**		
固定资产净值			实收资本		
无形资产及其他资产：			未分配利润		
无形资产			其中：本期利润		
无形资产合计			**所有者权益合计**		
资产总计			**负债及所有者权益合计**		

表 4.8.3　第八季度损益表

序号	项　　目	累计发生	本期发生
1	**一、主营业务收入**		
2	减：主营业务成本		
3	其中：原材料		
4	加工费		
5	减：营业税金及附加		
6	**二、主营业务利润**		
7	减：营业费用		
8	其中：市场推广费（广告）		
9	渠道开发费（市场开发）		
10	渠道维护费（网点设置＋人力成本）		
11	产品运输费		
12	减：管理费用		

续表

序号	项　　目	累计发生	本期发生
13	其中：行政管理费用		
14	生产线维修费用		
15	生产线折旧费用		
16	生产线变更		
17	厂房折旧		
18	厂房租金		
19	产品设计费用		
20	产品研发		
21	资质认证		
22	减：财务费用		
23	其中：银行贷款利息		
24	紧急贷款利息		
25	贴息		
26	**三、营业利润**		
27	加：营业外收入		
28	减：营业外支出		
29	其中：渠道撤销费用		
30	订单违约费用		
31	**四、税前利润**		
32	减：所得税		
33	**五、净利润**		

表 4.8.4　第八季度现金流量表

项　　目	金额/元
一、经营活动产生的现金流量	
销售商品收到的现金	
现金流入小计	
购买商品支付的现金	
支付给职工的现金	
支付的各项税款	
支付其他与经营活动有关的现金	
现金流出小计	
经营活动产生的现金流量净额	
二、投资活动产生的现金流量	
处置固定资产收到的现金	
现金流入小计	
购建固定资产支付的现金	
现金流出小计	
投资活动产生的现金流量净额	
三、筹资活动产生的现金流量	
吸收投资收到的现金	
借款收到的现金	
现金流入小计	
偿还债务支付的现金	
分配股利支付的现金	
偿付利息支付的现金	
现金流出小计	
筹资活动产生的现金流量净额	
四、汇率变动对现金的影响额	
五、现金及现金等价物净增加额	

表4.8.5　第八季度产品销售情况统计表

区域	青少年客户产品		中老年客户产品		商务人士客户产品		合　　计	
	销量/箱	份额/%	销量/箱	份额/%	销量/箱	份额/%	销量/箱	份额/%
华东市场								
华南市场								
华北市场								
华中市场								
东北市场								
西南市场								
西北市场								
合计								

表4.8.6　第八季度竞争对手产品市场分析表

区域	青少年客户产品	中老年客户产品	商务人士客户产品	合　　计
华东市场				
华南市场				
华北市场				

续表

区域	青少年客户产品	中老年客户产品	商务人士客户产品	合　　计
华中市场				
东北市场				
西南市场				
西北市场				
合计				

表 4.8.7　第八季度主要竞争对手产品销售统计表

竞争对手	青少年客户产品		中老年客户产品		商务人士客户产品		合　　计	
	销量/箱	份额/%	销量/箱	份额/%	销量/箱	份额/%	销量/箱	份额/%

表 4.8.8　第八季度主要竞争对手产能表

竞争对手	青少年客户产品		中老年客户产品		商务人士客户产品		合　　计	
	生产线	数量	生产线	数量	生产线	数量	生产线	数量
合计								

本季度的模拟经营已经结束，各企业的最终竞争格局已经形成，并且得到了自己最终的成绩单。一起看看你的企业的经营成果吧！

类　　别	上季度得分	上季度排名	最终得分	最终排名
财务表现				
市场表现				
投资表现				
成长表现				
综合表现				

企业经营管理沙盘模拟经营分析2

各企业应该回顾第一至第八经营季度本企业的经营决策，然后团队全体成员进行分析与讨论，找到本企业在模拟经营竞争中成功或失败的原因，并填写以下内容。

- 你的企业设定的目标是否实现?

- 实现了/未实现目标的主要原因是什么?

- 与竞争对手相比,你们的最大优势和劣势是什么?

- 在八个季度的经营过程中,团队成员表现如何?

知识链接

这些年,国潮一次又一次给我们惊喜①

最近几年,"国潮""国货""中国制造"等一系列词汇经常霸占我们的朋友圈和各大社交平台的热搜榜。

2021年7月,河南暴雨,鸿星尔克通过官方微博发布消息称,心系灾区,鸿星尔克通过郑州慈善总会、壹基金紧急捐赠5000万元物资,驰援河南灾区。消息一出,很多网友为了支持鸿星尔克,纷纷冲进了鸿星尔克的销售直播间,很多款式被"抢购一空"。

聚焦2020年东京奥运会和2022年北京冬奥会,安踏推出"爱运动中国有安踏"的品牌概念,开发"冠军系列"高阶商品,推出全新"冠军店",重点布局一二线城市主流商圈。

---

① 本文节选自杨亚楠. 鸿星尔克卖断货、华为自主研发新系统……这些年国潮一次又一次给我们惊喜 [EB/OL] (2022-01-14) [2024-03-01]. https://new.qq.com/rain/a/20220114A07V2J00. (有删改)

随着国民经济和居民收入不断增长,奥运和全民健身驱动了国内体育经济快速发展,安踏、鸿星尔克、特步、匹克等国货运动品牌已成线上消费顶流。

还有我国本土企业华为自主研发的鸿蒙操作系统,凭借在互联网产业创新方面发挥的积极作用,在2021年世界互联网大会上获得"领先科技成果奖"。

此外,频上"热搜"的许多综艺节目,如《上新了故宫》《朗读者》《国家宝藏》等,无不一次又一次刷新我们对"国潮"的认知。

数据显示,"国潮"在过去10年中的关注度上涨528%;近5年,中国品牌搜索热度占品牌总热度比例从45%提升至75%。

国家、平台助力国货发展

2011年10月15日,在《中共中央关于深化文化体制改革、推动社会主义文化大发展大繁荣若干重大问题的决定》中首次提出建设"文化强国"长远战略。

经国务院批准,自2017年起将每年5月10日设立为"中国品牌日",这标志着"发挥品牌引领作用"上升到了前所未有的高度。

数据显示,以消费平台拼多多为例,越来越多的老字号以惊人的成绩焕发"第二春",在线上迎来一个又一个爆红消息:回力一个月内在拼多多上卖出13万双鞋;曹县汉服联合拼多多和敦煌莫高窟壁画,上新的多款新品整套价格低至百元内,让年轻人也能实现"汉服自由"……

iiMedia Research(艾媒咨询)数据显示,八成以上的消费者表示信任或非常信任国产品牌的商品质量。

未来,随着科技的发展,物联网、人工智能、生物科技、量子信息等一些新技术、新产品将会更深层次地影响并赋能国货产业,使国货产业迸发出新的生机,给我们新的惊喜。

想一想

八个季度的模拟经营全部结束,请你结合自己企业的经营情况思考以下问题:
1. 在第一季度,企业应该采取什么样的战略布局?

2. 各季度企业的经营策略和特点有什么不同？

3. 经过一轮的模拟经营，你认为在企业经营过程中，生产、销售、财务等部门的负责人应该具备什么样的素质？各部门之间应该如何配合才能发挥更大的作用？

习 题

1. ISO 14000 资质认证最快可在第（　　）经营季度完成。
   A. 一　　　　B. 二　　　　C. 三　　　　D. 四

2. 第三季度绝对不可能投入销售的市场是（　　）。
   A. 华东市场　　　　　　　B. 东北市场
   C. 西北市场　　　　　　　D. 华南市场

3. 西南市场总的开发费用为（　　）万元。
   A. 10　　　　B. 20　　　　C. 30　　　　D. 40

4. 企业在第二季度购买了 1000 箱青少年客户产品的原材料，支付采购款的时间为（　　）。
   A. 购买原材料的同时　　　B. 第二季度末
   C. 第三季度末　　　　　　D. 第四季度初

5. 以下不属于每季度末资金变动的是（　　）。
   A. 支付到期的应付账款　　B. 支付产品资质认证费
   C. 归还到期的贷款　　　　D. 收到到期的应收账款

第 5 部分
创新创业提升篇

思维导图

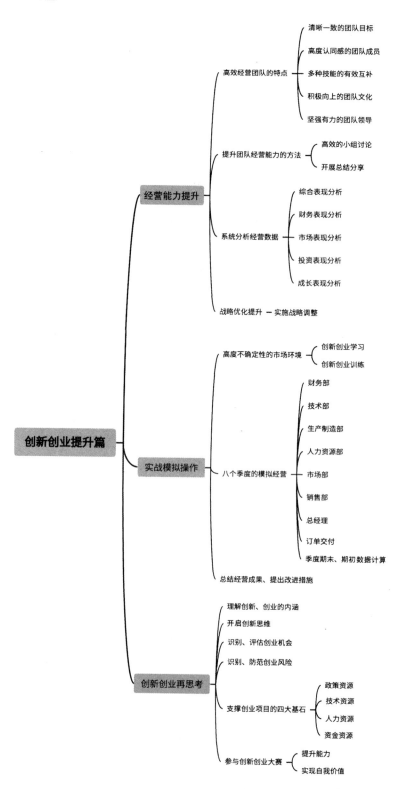

第5部分 创新创业提升篇

 知识目标

- 掌握企业经营分析的基本方法;
- 熟悉更复杂的企业经营规则;
- 掌握各个环节的操作流程与规则;
- 掌握创新创业基本思维及方法。

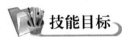 **技能目标**

能够根据实际情况,灵活运用规则,进行企业模拟经营。

 本章导读

在前面的学习中,我们已经掌握了企业经营的基本流程与内容。在这一部分中,我们将在系统总结前期企业经营的基础上,提升团队能力;引入更复杂的模拟系统,提升经营难度,经营环境将更加复杂,经营流程将更加细化,竞争将更加激烈,对我们的经营能力、创新创业能力提出了更高的要求。

经过初步的模拟经营,我们已经对经营企业有了基本的了解和把握。在接下来的学习中,你将了解如何建设一个高效的经营团队,掌握经营指标分析的方法和工具,以提升团队的经营能力。

在前面的学习中，我们使用了一个较为简单的模拟经营系统，旨在帮助大家掌握企业经营的基本流程和规则。现在，我们将使用贝腾"创业之星"模拟系统进行模拟经营。这个新系统模拟了一个高度不确定的市场环境，充分体现了创新创业过程的本质特征。通过竞争和对抗，我们将深入体验并理解企业经营的核心要素及创新创业的各项要求。第5部分创新创业提升篇的企业模拟经营将比第4部分实战操作篇更为复杂，更接近真实商业环境，这有助于培养我们的创新和创业能力。

在新的模拟系统中，我们将经营一家生产智能手环的企业，市场上已有多家企业同台竞争。在初始季度，每家企业将获得来自股东的60万元创业资金。企业将经历八个季度的经营，涵盖产品设计、产品研发、原料采购、厂房购置、生产线购置、资质认证、生产工人招聘与培训、产品生产、广告宣传、市场开发、销售人员招聘与培训、产品销售等多个经营活动。每个经营季度，企业都需深入分析和讨论自己的每一项决策。企业模拟经营流程如图5.0.1所示。

让我们共同迎接这一挑战，努力提升自己吧！

图 5.0.1　企业模拟经营流程

5.1 ■ 经营能力提升

经过前面的学习，我们对企业经营有了一个比较系统的认识。但之前的模拟经营系统的规则与实际的企业经营管理有较大的差距。它主要表现在：

（1）经营步骤过于机械，先后次序与实际情况有出入，而且进入下一步骤后不能返回修正。

（2）经营过程比较简单，更关注企业内部与竞争对手，关于国家政策、各类税收、销售折扣等实际经营中经常遇到的问题涉及不多。

（3）个别经营规则与实际情况并不一致。如广告效应只在当期起作用，柔性生产线在每个经营季度只能生产一种产品等。

随着模拟经营活动难度的提升，各个团队所面临的决策分析任务将日益增多。为了有效应对这一挑战，团队成员需要全面提升自身的分析能力，并在此基础上进一步提高团队的经营水平。具体而言，团队成员应加强学习，不断吸收新的知识和信息，以增强对市场动态、竞争环境以及企业内部运作的洞察力。同时，团队应培养跨学科的思维模式，将财务、市场、经营等多方面的知识融合应用，以形成更为全面和深入的分析视角。此外，团队成员还应注重提升决策的质量，通过科学的决策流程和方法，确保每一次决策都能够基于充分的数据分析和合理的预测。这不仅有助于提高决策的准确性，也能够增强团队对复杂问题的应对能力。通过这些努力，团队将能够在模拟经营中不断进步，提升自身的竞争力，并为未来的实际经营活动打下坚实的基础。

5.1.1 团队建设与能力提升

企业沙盘模拟经营的核心宗旨在于实现经营团队成员的全面、深入、持续的参与。这一过程旨在激发每位成员的潜力，确保他们能够在模拟经营的每一个环节发挥积极作用。为了达成这一目标，团队成员需要充分发掘并运用各自的专长和技能。通过集思广益、相互启发，团队成员可以在思维的交流与碰撞中产生新的洞见，从而提高自己的创新创业能力。

1. 高效经营团队应具备的特点

（1）清晰一致的团队目标：一个明确和共同的团队目标可以有效地激励团队成员主动努力，共同为目标奋斗。

（2）高度认同感的团队成员：团队成员之间需要建立深厚的信任和协作精神，每位成员都应致力于发挥其最大潜力以达成团队目标。

（3）多种技能的有效互补：团队成员必须具备多种相关技能，包括战略管理、市场营销、生产管理、财务管理以及沟通和团队协作能力，以实现团队目标。

（4）积极向上的团队文化：应建立一个信息渠道畅通的团队文化，确保沟通及时、准确、可靠和有效。明确的权责划分有助于激发团队成员在各自的职责范围内尽职尽责，有效完成任务。

（5）坚强有力的团队领导：团队领导需具备全面的素质，能在竞争激烈和不确定的环境中指导团队，明确方向，并带领团队达成目标。

2. 高效的小组讨论应贯穿经营全过程

高效的小组讨论是实现团队内部沟通、深度合作和思维碰撞的关键。在企业沙盘模拟经营的过程中，面对竞争、时间压力、资源紧缺和目标设定的挑战，团队必须通过积极的小组讨论、头脑风暴和多方案论证来确保决策的高质量和效率，按照满意原则进行理性和科学的决策。

注意事项：

（1）先整体把握再讨论：企业沙盘模拟经营是一项集企业管理知识和技能于一体的综合实践，具有专业化和精练性的特点。学员需要深入理解讲师对模拟规则的讲解，确保对整个模拟经营流程有一个全面而深刻的认识。这样的准备是至关重要的，它将为学员提供一个坚实的基础，从而促进后续的高效讨论和深入分析。

（2）明确当前进展：在小组讨论中，应时刻监控所有模拟经营企业的绩效数据，并利用"经营绩效""分析图表"等工具进行行业和竞争分析，以制定和调整企业战略。

（3）兼具宏观视野与微观把控：讨论时应具有系统思维和全局意识，不应局限于部分流程或任务。例如，在考虑购买生产线时，应综合考虑产品研发、设计、采购、市场等各环节，同时关注市场环境变化。

（4）强调时间观念：在商业决策中应把握时机，注意不同经营季度的市场竞争变化。

3. 组织开展总结分享，提升团队经营能力

每一季度结束后，应组织经营团队召开总结分享会议，并开展团队成员间的交流。通过总结分享，可以回顾经营业绩、分析成败原因、吸取经验教训，并提升团队的经营能力。

总结分享的关键点：

（1）求同存异：鼓励在团队内部分享不同观点，并允许团队成员互相评价，以促进思考和提升。

（2）突出重点：在不同季度的经营模拟中，经营重点随季度变化而有所不同。在初期经营季度，重点应集中于团队成员间的磨合与协作、团队建设强化以及经营规则的快速掌握；而在后期经营季度，市场分析、竞争战略和资源优化配置等因素对企业经营的影响显得尤为重要。总结时，应特别强调这些战略决策的关键影响因素、市场布局构想、最终业绩以及改进思路。

5.1.2 经营数据系统分析与战略优化提升

在前期的模拟经营中，不同团队的经营数据呈现出显著差异，且随着季度的变化持续动态变化。为了优化经营战略，我们需要深入理解这些经营数据的含义，并掌握其分析方法。这将帮助我们根据经营情况作出更精准的策略调整。

1. 经营数据系统分析

企业沙盘模拟经营的成绩通过各项经营数据来体现，这些数据揭示了各模拟经营团队的具体经营状况。模拟经营数据包括综合表现、财务表现、市场表现、投资表现和成长表现，这些数据共同模拟了企业经营的实际环境。

（1）综合表现

综合表现是所有模拟经营团队的经营业绩的集中体现，用综合表现分数来评价。在每个季度结束时，模拟经营系统的讲师客户端会公布所有企业的综合表现数据，如图5.1.1所示。

综合表现的计算公式为：

$$综合表现 = 财务表现 + 市场表现 + 投资表现 + 成长表现$$

截止到第5季度经营综合评分				
综合表现	财务表现	市场表现	投资表现	成长表现
205.01	47.19	84.53	33.27	40.03
174.34	48.09	55.38	42.02	28.84
139.27	38.00	65.79	15.76	19.73
131.81	42.74	46.64	22.76	19.68
127.24	43.10	46.44	15.76	21.94
124.06	45.97	40.81	21.01	16.28
102.82	42.97	29.85	17.51	12.50
102.14	41.66	27.24	21.01	12.24
95.58	41.53	23.32	21.36	9.37

图 5.1.1 "经营综合评分"界面

基准分数设为 100 分，其中财务表现占 40 分，市场表现占 30 分，投资表现占 20 分，成长表现占 10 分。综合表现超过 100 分表明该团队的经营业绩超过了所有团队的平均水平，分数越高表示该季度的经营表现越优异。此外，综合表现通过财务表现、市场表现、投资表现和成长表现的分项指标来反映各个团队的经营特点、优势、发展潜力和潜在问题。

（2）财务表现

财务表现评估了企业经营管理的效率及其为股东创造价值的能力。

财务表现的计算公式为：

财务表现 =（本企业财务综合评价/所有企业平均财务综合评价）×40

每个季度结束后，各家模拟企业可通过讲师客户端的【经营综合评分】一栏查看自己的财务表现总分，同时也可以通过贝腾"创业之星"模拟系统学员客户端的【经营绩效】栏查看财务表现的详细情况，如图 5.1.2 所示。

分析类别	指标	权重分	上/下限	参考值	实际值	实际值参考值（资产负债率相反）	实际得分
盈利能力分析	销售毛利率	15	30/7	50.0%	52.00%	104.00%	15.58
	销售净利率	10	20/5	15.0%	1.00%	5.00%	5.00
	净资产收益率	10	20/5	10.0%	1.00%	9.00%	5.00
	成本费用利润率	10	20/5	50.0%	1.00%	1.00%	5.00
经营能力分析	固定资产周转率	5	10/2	100.0%	58.00%	58.00%	2.91
	应收账款周转率	5	10/2	100.0%	168.00%	168.00%	8.38
	总资产周转率	5	10/2	50.0%	47.00%	93.00%	9.32
	存货周转率	10	20/5	400.0%	157.00%	39.00%	5.00
偿债能力分析	流动比率	5	10/2	200.0%	15.00%	8.00%	2.00
	速动比率	5	10/2	100.0%	—	—	2.00
	资产负债率	10	20/5	50.0%	63.00%	80.00%	7.99
	已获利息倍数	5	10/2	500.0%	—	—	10.00
合计		100					78.18

图 5.1.2 "财务表现"界面

为了全面反映企业的经营情况，财务表现可以分为盈利能力分析、经营能力分析和偿债能力分析这三个主要类别，每个类别下面包括四个关键指标：

① 盈利能力分析。它包括销售毛利率、销售净利率、净资产收益率和成本费用利润率这四个指标。

② 经营能力分析。它包括固定资产周转率、应收账款周转率、总资产周转率和存货周转率这四个指标。

③ 偿债能力分析。它包括流动比率、速动比率、资产负债率和已获利息倍数这四个指标。

企业的财务综合评价分数是基于这些指标的权重和各期平均值计算得出的，理解这些指标需要结合财务会计的相关知识。

理论上，若能在满足经营过程的前提下，将财务成本费用控制至最低、提升产品销售价格、减少产品库存，则财务表现的分数会较高。然而，在实际经营过程中，各项财务指标之间存在相互制约关系。例如，提高销售价格，虽然可以提高销售毛利率，但可能导致销售量减少和产品库存增加。

（3）市场表现

市场表现反映了企业产品的竞争力和营销的有效性。市场表现的计算公式为：

市场表现 =（本企业累计已交付的订货量 / 所有企业平均累计订货量）× 30

在讲师客户端的【经营综合评分】一栏中可以查看市场表现总分（见图5.1.1），而学员客户端的【分析图表】—【市场情况分析】（见图5.1.3）一栏则可查看"细分市场占有情况""当前公司市场表现""细分市场最佳表现"。

未按要求交货的订单将从市场份额中剔除，不计入市场表现的分数中，并且相关的违约罚金将计入营业外支出。

在企业沙盘模拟经营中，要提高市场表现，企业需从产品设计、报价、广告投入及市场渠道等方面着手。随着竞争态势和经营策略的不断变化，例如在第二季度，企业仅在有限的市场中销售一种产品，在第四季度则能在更多市场中销售多种产品，产品报价和市场策略需进行相应的调整。

（4）投资表现

为了确保企业的长远发展与竞争力，除了关注短期盈利和市场占有率外，企业还需重视长期发展的投资。这类投资直接关系到企业的生命力和未来的竞争地位。

投资表现的计算公式为：

投资表现 =（本企业未来投资 / 所有企业平均未来投资）× 20

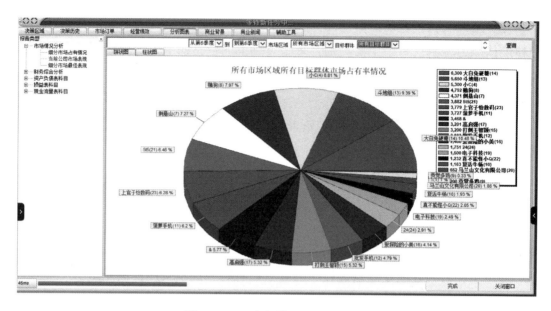

图 5.1.3 "市场情况分析"界面

未来投资的计算公式为：

未来投资 = 累计产品研发投入 + 累计认证投入 + 累计市场开发投入 + [购买厂房投入/(购买时的季度数×5)]

但长期投资会使企业的短期资金和效益受到一定的影响，因此，各个团队必须在长期发展和短期发展之间寻找平衡。在模拟经营中，企业若要提高自己的投资表现，就需要综合考虑产品研发投入、认证投入及市场开发投入等，同时与其他经营策略相配合。例如，只有在产品研发投入和设计投入完成后，企业才能采购相应的原材料，并准备厂房和生产线。若战略和资金许可，企业应迅速开展市场渠道开发，设立销售网点，确保生产和市场活动的同步进行。

(5) 成长表现

成长表现主要衡量企业的整体发展规模和销售增长，是预测企业经营趋势和市场占有能力的关键指标。不断扩大销售收入是企业生存发展、获取盈利的基础。

成长表现的计算公式为：

成长表现 = (本企业累计销售收入/所有企业平均累计销售收入) × 10

市场表现与成长表现密切相关，前者衡量销售量，后者衡量销售额。较高的市场份额不一定转化为高利润，特别是当销售价格较低时。例如，根据经营综合评分表（见图5.1.4）可知，综合表现分数排名第三的企业，其市场表现分数高于综合表现分数排名第一的企业，但其成长表现分数却低于综合表现分数排名第一的企业。可见，市场表现得分高的企业不一定在成长表现上得分高。这说明，尽管产品的销售数量多，但如果销售价格低或成本高，企业的盈利能力和销售增长可能并不理想。

截止到第5季度经营综合评分				
综合表现	财务表现	市场表现	投资表现	成长表现
127.42	43.14	41.30	26.06	16.91
126.15	41.30	44.41	22.80	17.64
121.81	39.22	43.22	22.80	16.57
117.48	42.84	37.74	21.72	15.18
116.67	42.37	31.60	28.23	14.47
116.05	42.34	36.71	21.72	15.29
114.11	43.95	34.42	21.72	14.02
112.53	48.03	32.12	20.63	11.75
112.08	40.50	32.61	24.98	13.99
105.84	40.61	32.12	17.72	15.38
104.29	42.11	30.21	19.55	12.42
98.34	44.78	27.86	14.12	11.59
96.08	35.54	31.89	18.46	10.18
89.05	41.58	22.10	17.37	8.01
85.66	42.15	18.36	18.46	6.70
82.37	37.35	21.22	16.29	7.52
81.12	38.27	18.36	17.90	6.60
77.22	38.82	17.43	15.20	5.77
76.84	35.24	16.45	18.98	6.17
74.45	37.15	9.18	24.98	3.15
54.11	33.12	0.00	20.98	0.00
51.49	38.46	0.00	13.03	0.00
50.41	31.14	2.29	16.29	0.69

图 5.1.4 "经营综合评分"界面

在实践中，许多企业在扩大市场份额的过程中，面临成本增加和激烈的市场竞争导致的销售价格下降，进而影响销售毛利率和盈利能力。因此，除了关注市场份额的规模，企业还应考虑行业竞争程度、平均盈利水平、管理能力和市场份额的质量等因素。

5.2　实战模拟操作

5.2.1　基本操作与经营规则

1. 进入系统

下载和安装贝腾"创业之星"模拟系统，点击桌面的程序图标进入系统，然后选择【学员】角色进行登录，输入个人信息进行注册，如图5.2.1—图5.2.3所示。

注册完成后重新登录，并选择班级进入，如图5.2.4所示。之后可进入系统主场景和模拟企业内部场景，如图5.2.5、图5.2.6所示。

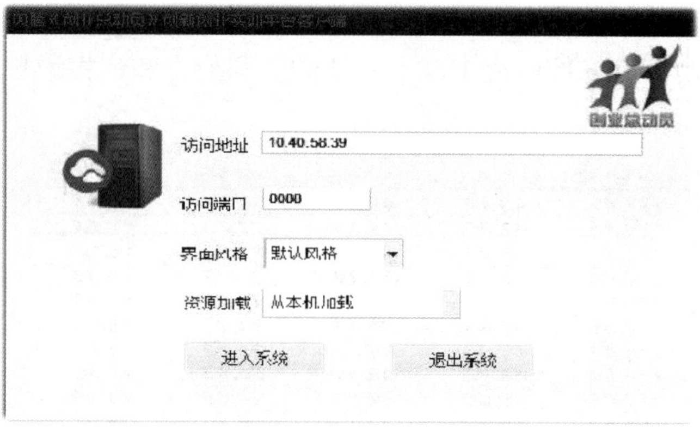

图 5.2.1 "进入系统"界面

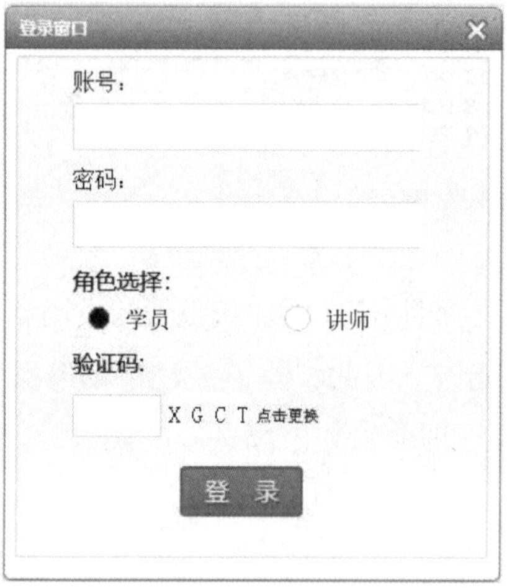

图 5.2.2 "登录"界面

图 5.2.3 "注册"界面

图 5.2.4 "班级选择"界面

图 5.2.5 "系统主场景"界面

图 5.2.6 "模拟企业内部场景"界面

2. 基本规则

所有企业在模拟经营期间都应遵守基本经营规则，如表 5.2.1 所示。

表 5.2.1 经营基本规则

项目	当前值	说明
企业初始现金	600 000 元	正式经营开始之前，每家企业获得的注册资金（实收资本）
企业注册设立费用	3 000 元	企业设立开办过程中所发生的所有相关的费用。该笔费用在第一季度初自动扣除
办公室租金	10 000 元	企业租赁办公场地的费用，每季度初自动扣除当前季度的租金
所得税税率	25%	企业经营当前季度如果有利润，按该税率在下季度初缴纳所得税
营业税税率	0	营改增后，停征营业税
增值税税率	17%	按该税率计算企业在采购商品时所支付的增值税款（即进项税），以及企业销售商品所收取的增值税款（即销项税）
城市建设维护税税率	7%	根据企业实际缴纳增值税，按该税率缴纳城市建设维护税
教育费附加征收率	3%	根据企业实际缴纳增值税，按该征收率缴纳教育费附加
地方教育附加征收率	2%	根据企业实际缴纳增值税，按该征收率缴纳地方教育附加
行政管理费	1 000 元/人	企业每个季度所需的行政管理费用
小组人员工资	10 000 元	小组管理团队所有人员每季度的工资（不分人数多少）
养老保险比率	20%	根据工资总额按该比率缴纳养老保险费用
失业保险比率	2%	根据工资总额按该比率缴纳失业保险费用
工伤保险比率	0.5%	根据工资总额按该比率缴纳工伤保险费用
生育保险比率	0.6%	根据工资总额按该比率缴纳生育保险费用
医疗保险比率	11.5%	根据工资总额按该比率缴纳医疗保险费用

续表

项目	当前值	说明
未办理保险罚款	2 000/人	在入职后没有给员工办理保险的情况下按该金额缴纳罚款
普通借款利率	5%	正常向银行申请借款的利率
普通借款还款周期	三个季度	普通借款还款周期
紧急借款利率	20%	企业资金链断裂时，系统自动给企业申请紧急借款的利率
紧急借款还款周期	三个季度	紧急借款还款周期
同期最大借款授信额度	200 000 元	同一个周期内，普通借款允许的最大借款金额
一账期应收账款贴现率	3%	在一个季度内到期的应收账款贴现率
二账期应收账款贴现率	6%	在两个季度内到期的应收账款贴现率
三账期应收账款贴现率	8%	在三个季度内到期的应收账款贴现率
四账期应收账款贴现率	10%	在四个季度内到期的应收账款贴现率
企业产品上限	8 个	每家企业最多能设计研发的产品类别数量
厂房折旧率	2%	每季度按该折旧率对购买的厂房原值计提折旧
设备折旧率	5%	每季度按该折旧率对购买的设备原值计提折旧
未交付订单罚金比率	30%	未按订单额及时交付的订单，按该比率对未交付的部分缴纳罚金。订单违约金 =（该订单最高限价 × 未交付订单数量）× 该比率
产品设计费用	30 000 元	产品设计、修改的费用
产品研发每期投入	20 000 元	产品研发每期投入的资金
广告累计影响时间	三个季度	投入广告后能够对订单分配进行影响的时间

续表

项目	当前值	说明
紧急贷款扣分	5 分/次	出现紧急贷款时,每次扣除的综合分值
每个产品改造加工费	20 元	订单交易时,原始订单报价产品与买方接受订单的产品之间因功能差异引起的改造加工费
每期广告最低投入	1 000 元	每期广告最低投入,小于该数额将不允许投入
组间交易每期限制金额	10 000 元	买入+卖出的原料和订单总金额不能超过此限制
组间交易信息公示时间	5 分钟	在此期间内,发布信息者不能结束交易

注:1. 上述规则是贝腾"创业之星"系统默认的规则,讲师可以对基本规则进行修改。根据需要也可以关闭某些功能,例如在实际教学和比赛中,为了防止小组之间的不正当合作,可以将"组间交易"功能取消。

2. 本规则以"经营一家生产智能手环的企业"为背景,这是一种具体形象化的设置,这样具体化的"行业模板""企业模板"的用意并非让学员去真实了解该行业、该企业的各方面细节,也并非让学员在将来去实际经营与模拟企业完全一样的企业,而是通过这种具体、直观的方式锻炼学员的能力——一种适用于任何行业、任何企业的通用能力,即达到"授人以鱼不如授人以渔"的目的。

3. 各个环节的操作与规则

在模拟经营的各个环节,学员需要在企业的各个职能部门完成各类决策操作。

(1) 财务部

财务部的主要职责是公司会计核算管理、财务核算管理,对公司经营过程实施财务监督、稽查、审计、检查、协调和指导。

财务部的决策任务:① 编制各季度财务现金预算表;② 根据公司需要去银行办理借款;③ 根据公司需要办理应收账款贴现;④ 定期向税务部门上报财务报表。

财务部的操作主界面如图 5.2.7 所示。

图 5.2.7 "财务部"主界面

银行借款规则如表 5.2.2 所示。

表 5.2.2 银行借款规则

项目	当前值	说明
借款利率	5%	利息为申请时一次性支付 实际到账金额 = 申请金额 – 申请金额 × 借款利率
还款周期	三个季度	到还贷时间,将于到期季度末由系统作自动还款处理
总授信额度		总授信额度 = 上个季度末净资产 – 累计已借款金额
本期授信额度		同期内累计最高借款额度

(2) 技术部

技术部主要负责公司新产品的设计与研发,以及管理新产品的整个应用推广过程。

技术部的决策任务:① 确定新产品的品牌名称、产品构成;② 完成新产品的研究开发工作。

技术部的操作主界面如图 5.2.8 所示。

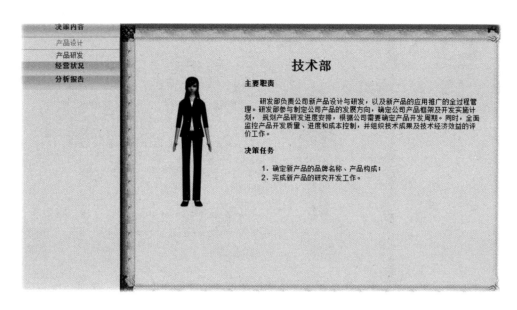

图 5.2.8 "技术部"主界面

① 产品设计

在产品设计领域，确保针对同一消费群体的产品配置保持独特性是至关重要的，不允许两款配置相同的产品同时面向同一消费群体。由于不同的消费群体具有各自的产品功能需求，企业需要根据这些需求定制化地设计新产品。这样的策略不仅有助于产品在市场上获得更多的青睐，同时也影响了产品的原料成本和研发难度。一般情况下，产品功能越丰富，其物料清单（Bill of Material，BOM）越复杂，相应的直接原料成本也就越高。

对于已经启动研发或研发完成的产品，其设计是不可更改的。每完成一个新产品的设计，企业必须立即支付 30 000 元的设计费用。在经营期间，每个企业最多可设计 8 个产品，所有设计工作均在企业的研发部门完成。

② 产品研发

一旦产品设计完成，产品研发的主要职责便是开展相关的攻关、开发和测试工作。不同产品的设计差异会影响研发所需的时间和总费用，每个设计完成的产品每期的研发费用固定为 20 000 元。物料清单越复杂，产品成功研发所需的总时间就越长。

【提示】
- 产品只有在完成研发后才被允许进入生产阶段。

- 每个产品每期可以投入固定的 20 000 元作为研发费用，企业也可以选择不进行任何研发投入。每投入一期的研发费用，相应的产品的研发周期将缩短一个经营季度。
- 本期已投入的研发费用可以进行撤销，撤销后将返还 20 000 元研发费。

每个模拟企业需面对包括老年群体、青少年群体、公司白领、商务人士在内的四个需求各异的消费群体。针对这些不同群体的独特需求，模拟企业应制定相应的产品研发策略，以确保其产品能够有效满足市场需求并获得竞争优势。四个消费群体的特点见图 5.2.9。

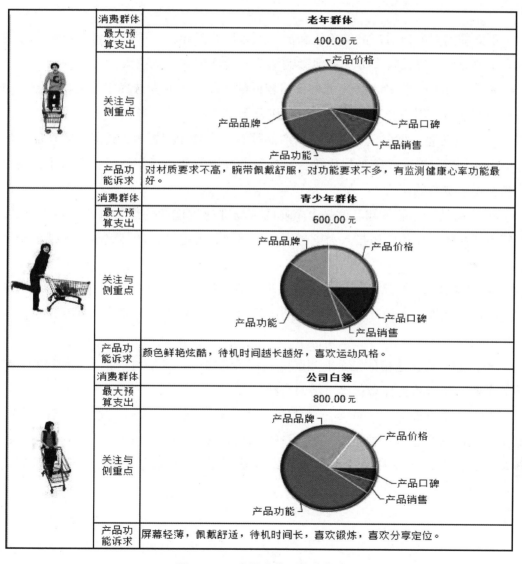

图 5.2.9　不同消费群体的特点

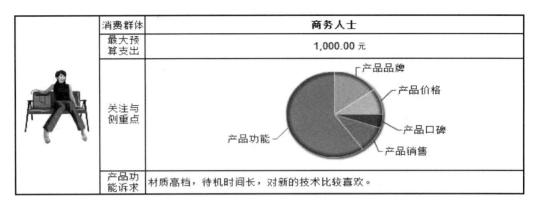

图 5.2.9　不同消费群体的特点（续）

不同的消费群体对产品的关注和侧重点有显著差异。以下是消费者评价产品的五个主要方面，以及每个方面如何影响消费者的认可和购买决策：

- 产品价格：消费者普遍偏好价格较低的产品。企业在选择定价策略时需考虑价格的竞争力，因为合理的价格定位可以显著增加产品的市场吸引力。
- 产品功能：每个企业设计的新产品都有一个功能配置表，这是决定产品市场竞争力的关键。产品功能如果更符合目标消费群体的期望，相较于竞争对手，就更容易获得消费者的认可。
- 产品品牌：品牌知名度是由企业的市场部通过连续的广告宣传积累建立的。在同类产品中，宣传广告投入力度越大，品牌知名度越高，产品就越可能被消费者青睐。
- 产品口碑：产品的历史销售情况和订单交付完成率对产品的市场口碑有直接影响。历史销售量高和订单完成率高的产品通常会被视为更可靠，从而获得更高的消费者信任。
- 产品销售：这指的是企业当前的总销售能力。与竞争对手相比，销售能力越强的企业，其产品越容易获得市场的广泛认可。

以上五个方面对于不同类型的消费群体具有不同的重要性。通常，消费者对某个方面的关注程度越高，该方面就越能影响其购买决策。因此，企业在制定市场策略时，需要综合考虑这些因素，以优化产品的市场表现和提高消费者的满意度。

(3) 生产制造部

生产制造部的主要职责是满足公司营销需要，按质按量完成公司下达的生产制造任务。

生产制造部的决策任务：① 根据公司产品设计要求，制订原材料采购计划；② 安排公司厂房、设备的采购管理与调整计划；③ 合理安排产能，制订产品生产计划。

生产制造部的操作主界面如图5.2.10所示。

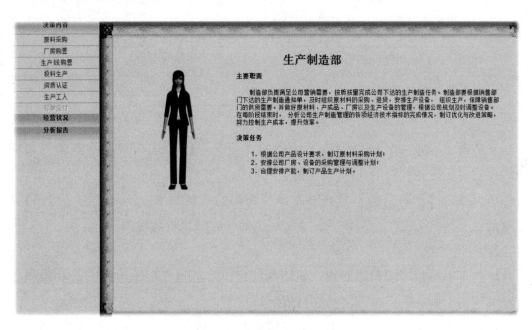

图5.2.10 "生产制造部"主界面

① 原料采购

企业应根据产品配置精准购买所需原料。采购原料需考虑多类指标，如屏幕类型、腕带材质、待机时间、附加功能，每类又包含多个子类。企业可以在任何经营季度内购买所需原料，购买原料时要注意以下几点：

• 在购买原料时需了解明确的到货周期；根据产品的原料配置清单进行采购，缺少任何一种原料都会导致生产中断。

• 即时到货的原料（到货周期为0）可以立即使用，而需要等待的原料（到货周期大于0）则需在等待时间结束后才能投入使用。

• 现金支付适用于即时到货的原料，而延后发货的原料则在发货时进行结算。

- 原料价格随购买数量的变化而享受不同的折扣率，如表 5.2.3 所示。

表 5.2.3 原料价格折扣规则

购买数量/件	折扣率
0～200	0%
201～500	5%
501～1 000	10%
1 001～1 500	15%
1 501～2 000	20%
2 001 及以上	25%

- 在紧急情况下，可以勾选系统中的"紧急采购"选项来取消到货等待期，但需要支付无折扣价格的 50% 作为紧急采购费。

可以点击【原料采购】栏查看本季度购买的原料明细，还可点击【撤销】按钮取消已有的购买操作，撤销后，系统将退回所有的原料购置款。

② 厂房购置

厂房可通过租用或购买获得。租用的厂房，系统将在每季度初自动扣除租金；若购买厂房，则在购买时一次性支付现金。

厂房可在无生产线存放的情况下退租或出售，可在每季度末进行操作。对于退租的厂房，从下个季度开始系统不再扣除租金。出售厂房则按厂房净值回收现金。厂房的购置规则见表 5.2.4。

表 5.2.4 厂房购置规则

厂房类型	购买价/元	租用价/（元/季度）	季度折旧率	可容纳生产线/条
大型厂房	120 000	11 000	2%	6
中型厂房	80 000	8 000	2%	4
小型厂房	50 000	5 000	2%	2

③ 生产线购置

- 购买价格：生产线只能由购买获得，购买时需一次性支付现金。

- 生产线产能：生产线在一个生产周期内能处理的最大产品数量。
- 成品率：指定量原料在加工后生成的合格产品比例。
- 混合投料：生产线是否可在同一生产周期内处理多种产品。
- 安装周期：生产线从购买到安装完毕所用的时间。
- 生产周期：从原料投入到产品完成所需的时间。
- 单件加工费：加工每件产品所需的费用。
- 工人上限：每条生产线可配置的最大工人数。
- 维护费用：非安装期每季度需支付的设备维护费，该费用在每季度末自动扣除。
- 升级费用：进行一次生产线升级所需的费用，该费用在生产线进行升级时自动扣除。
- 升级周期：完成一次生产线升级所需要的时间。每条生产线在同一升级周期内只能进行一次升级。
- 升级提升：生产线完成一次升级后，生产线的成品率在原来的基础上得到提升的比率。
- 搬迁周期：生产线从一个厂房搬迁到另一个厂房所需的时间。
- 搬迁费用：生产线从一个厂房搬迁到另一个厂房所需的费用。搬迁费用在搬迁时自动扣除。
- 生产线可以出售：生产线上无在制品时可进行出售。生产线出售后，该生产线上的工人将自动转为闲置状态。出售生产线，按生产线净值回收现金。

生产线购置规则见表 5.2.5。

表 5.2.5　生产线购置规则

参数	柔性生产线	自动生产线	半自动生产线	手工生产线
购买价格/元	120 000	100 000	70 000	50 000
生产线产能/件	500	400	300	200
成品率/%	90	85	80	75
混合投料	是	是	否	否
安装周期/季度	1	1	1	0
生产周期/季度	0	0	0	0

续表

参数	柔性生产线	自动生产线	半自动生产线	手工生产线
单件加工费/元	10	20	25	30
工人上限/人	5	4	3	2
维护费用/元	3 000	2 500	2 000	1 500
升级费用/元	1 000	1 000	1 000	1 000
升级周期/季度	1	1	1	1
升级提升/%	1	2	3	4
搬迁周期/季度	1	1	0	0
搬迁费用/元	4 000	3 000	2 000	1 000

④ 资质认证

企业可以获得多种资质认证，这些认证在不同市场中的重要性因消费者需求而异。企业若未能满足特定市场的资质认证要求，可能会导致消费者拒绝购买其产品。资质认证规则如表5.2.6所示。

表5.2.6 资质认证规则

认证类型	每期投入费用/元	认证总周期/季度	总投入费用/元
CCC	30 000	2	60 000
SRRC	30 000	3	90 000

概念链接

什么是CCC？

CCC认证即3C认证，其全称为"中国强制性产品认证"，英文名称为China Compulsory Certification，英文缩写为CCC。它是中国政府按照世界贸易组织有关协议和国际通行规则，为保护广大消费者人身和动植物生命安全、保护环境、保护国家安全,依照法律法规实施的一种产品合格评定制度。

中国国家质量监督检验检疫总局和国家认证认可监督管理委员会于2001年12月3日一起对外发布了《强制性产品认证管理规定》,对列入目录的19类132种产品实行"统一目录、统一标准与评定程序、统一标志和统一收费"的强制性认证管理。第一批列入强制性认证目录的产品包括电线电缆、开关、低压电器、电动工具、家用电器、轿车轮胎、汽车载重轮胎、音视频设备、信息设备、电信终端、机动车辆、医疗器械、安全防范设备等。截至2023年,除第一批目录外,还增加了油漆、陶瓷、汽车产品、玩具等产品。需要注意的是,3C标志并不是质量标志,它是一种最基础的安全认证。

每个市场对资质认证的需求不一,具体要求如表5.2.7所示。了解这些要求并获得相应认证,对企业来说至关重要。

表5.2.7 市场资质认证要求

市场	渠道	群体	认证类别	第一季度	第二季度	第三季度	第四季度	第五季度	第六季度	第七季度	第八季度
华东	零售渠道	老年群体	CCC					√	√	√	√
			SRRC							√	√
		青少年群体	CCC					√	√		√
			SRRC							√	√
		公司白领	CCC			√					
			SRRC								
		商务人士	CCC				√	√			
			SRRC						√	√	√

续表

市场	渠道	群体	认证类别	第一季度	第二季度	第三季度	第四季度	第五季度	第六季度	第七季度	第八季度
华北	零售渠道	老年群体	CCC					√	√	√	√
			SRRC							√	√
		青少年群体	CCC					√	√	√	√
			SRRC							√	√
		公司白领	CCC				√	√	√	√	√
			SRRC							√	√
		商务人士	CCC				√	√	√	√	√
			SRRC							√	√
华南	零售渠道	老年群体	CCC					√	√	√	√
			SRRC							√	√
		青少年群体	CCC					√	√	√	√
			SRRC							√	√
		公司白领	CCC					√	√	√	√
			SRRC							√	√
		商务人士	CCC					√	√	√	√
			SRRC							√	√
华中	零售渠道	老年群体	CCC						√	√	√
			SRRC							√	√
		青少年群体	CCC					√	√	√	√
			SRRC							√	√
		公司白领	CCC					√	√	√	√
			SRRC							√	√
		商务人士	CCC					√	√	√	√
			SRRC							√	√

续表

市场	渠道	群体	认证类别	第一季度	第二季度	第三季度	第四季度	第五季度	第六季度	第七季度	第八季度
西南	零售渠道	老年群体	CCC						√	√	√
			SRRC							√	√
		青少年群体	CCC						√	√	√
			SRRC							√	√
		公司白领	CCC					√	√	√	√
			SRRC							√	√
		商务人士	CCC						√	√	√
			SRRC							√	√
东北	零售渠道	老年群体	CCC						√	√	√
			SRRC							√	√
		青少年群体	CCC						√	√	√
			SRRC							√	√
		公司白领	CCC					√	√	√	√
			SRRC							√	√
		商务人士	CCC					√	√	√	√
			SRRC							√	√
西北	零售渠道	老年群体	CCC						√	√	√
			SRRC							√	√
		青少年群体	CCC						√	√	√
			SRRC							√	√
		公司白领	CCC					√	√	√	√
			SRRC							√	√
		商务人士	CCC						√	√	√
			SRRC							√	√

⑤ 计算制造成本

制造成本的计算涵盖从原材料采购到成品下线的整个过程，具体包括以下各项：

- 原材料成本：每种原材料的实际成交价格（不含税）。
- 厂房成本：厂房的租金或厂房折旧合计，这些费用使用平均分摊法分摊到每个成品上。
- 设备成本：涵盖设备维护、折旧、搬迁和升级的费用，这些费用使用平均分摊法分摊到该生产线上的每个成品上。
- 人工成本：生产线工人的工资和五险费用，这些费用使用平均分摊法分摊到每个成品上。
- 加工费用：每个产品在生产过程中产生的产品加工费。
- 废品成本：生产过程中产生的废品成本也需使用平均分摊法分摊到每个成品上。
- 库存管理费：采用先进先出法（FIFO）管理原材料和成品库存。最先入库的原材料和成品将优先被投入生产或用于满足订单需求。

概念链接

什么是先进先出法？

先进先出法是一个会计学术语，其英文为 first in, first out （FIFO），意思是根据先入库先发出的原则，对于发出的存货以先入库存货的单价计算发出存货成本的方法。采用这种方法的具体做法是：先按存货的期初余额的单价计算发出的存货的成本，领发完毕后，再按第一批入库的存货的单价计算，依此从前向后类推，计算发出存货和结存货的成本。

（4）人力资源部

人力资源部的主要职责是公司人力资源的管理，为公司提供和培养合格的人才。

人力资源部的决策任务：① 根据公司的需要到人才市场招募生产人员和销售人员；② 与公司招募的人员签订劳动合同，办理保险；③ 制订员工培训计划，提升员工技能。

人力资源部的操作主界面如图 5.2.11 所示。

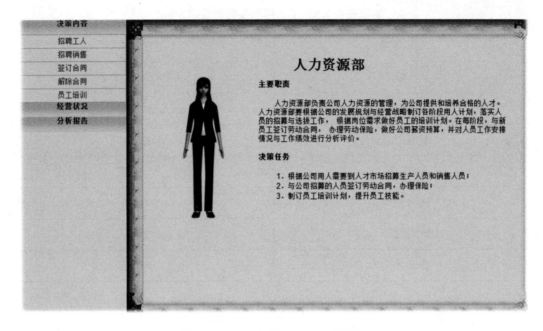

图 5.2.11 "人力资源部"主界面

① 招聘工人

企业可以在【交易市场】—【人才市场】一栏招聘不同能力层次的生产人员。以下是招聘和管理工人需要注意的信息：

- 生产能力：工人在一个生产周期内的最大生产能力。
- 招聘费用：招聘一个工人所需的费用，该笔费用在招聘时自动扣除。
- 季度工资：支付给工人的工资，该笔费用在每个季度末自动支付。
- 试用期：新招募的工人需经历试用期，在此期间人力资源部需要与工人签订合同，否则企业将面临罚款。
- 培训费用：每次培训一个工人所需的费用。每个工人在每个季度最多接受一次培训。培训由生产制造部提出并由人力资源部执行，该费用在培训时自动扣除。
- 培训提升：工人完成一次培训后，其生产能力将在原有能力的基础上提升的百分比。其计算公式为：

$$培训后生产能力 = 培训前生产能力 \times (1 + 培训提升)$$

- 辞退补偿：试用期内辞退工人无须支付补偿金。试用期满并签订正式合同后，辞退工人需要在每个季度末支付补偿金。

工人招聘及管理规则如表 5.2.8 所示。

表 5.2.8　工人招聘及管理规则

工人类型	生产工人
生产能力	90 件/季度
招聘费用	300 元
季度工资	3 600 元
试用期	一个季度
培训费用	300 元
培训提升	3%
辞退补偿	2 000 元

② 招聘销售人员

模拟企业可以在【交易市场】—【人才市场】一栏招聘不同能力层次的销售人员。以下是招聘和管理销售人员需要注意的信息：

- 销售能力：销售人员在一个经营季度内的最大销售能力。
- 招聘费用：招聘一个销售人员所需的费用，该费用在招聘时自动扣除。
- 季度工资：销售人员的工资在每个经营季度末自动支付。
- 试用期：新招募的销售人员需经历试用期，在此期间人力资源部需要与销售人员签订合同，否则企业将面临罚款。
- 培训费用：每次培训一个销售人员所需的费用，每个销售人员每个经营季度最多接受一次培训。培训由销售部提出并由人力资源部执行，该费用在培训时支付。
- 培训提升：销售人员完成一次培训后，其销售能力在原有能力的基础上提升的比率。其计算公式为：

$$培训后销售能力 = 培训前销售能力 \times (1 + 培训提升)$$

- 辞退补偿：试用期内辞退销售人员无须支付补偿金。试用期满并签订正式合同后，辞退销售人员需在每个经营季度末支付补偿金。

销售人员招聘及管理规则见表 5.2.9。

表 5.2.9　销售人员招聘及管理规则

销售人员类型	业务员
销售能力	100 件/季度
招聘费用	500 元
季度工资	4 000 元
试用期	一个季度
培训费用	500 元
培训提升	5%
辞退补偿	4 000 元

（5）市场部

市场部的主要职责就是解决市场对企业产品的需求问题。

市场部的决策任务：① 制定市场开发与发展规划；② 制定广告宣传投入策略。

市场部的操作主界面如图 5.2.12 所示。

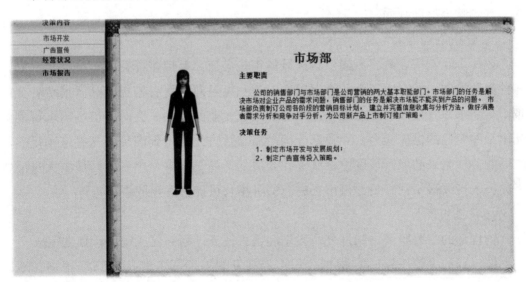

图 5.2.12　"市场部"主界面

市场营销活动包括渠道开发和产品推广两个关键领域，同时还要注意关注不同渠道的市场需求。

① 渠道开发

市场根据地理区域可分为多个市场区域,每个区域设有一个或多个可供企业开拓的销售渠道。开发这些销售渠道不仅需要投入特定的开发周期,还需要每期支付一笔开发费用。一旦销售渠道开发完成,模拟企业便可以通过这些渠道销售其产品。

销售渠道开发规则如表 5.2.10 所示。

表 5.2.10 渠道开发规则

所属市场	华东	华北	华南	华中	西南	东北	西北
开发周期/季度	0	1	1	2	2	3	3
每期费用/元	0	20 000	20 000	20 000	20 000	20 000	20 000
总费用/元	0	20 000	20 000	40 000	40 000	60 000	60 000

② 产品推广

产品推广主要通过广告宣传来实施。模拟企业可以为每个产品定期投入广告宣传费用。广告宣传具有长期累积效应。投入当期的宣传效果最佳,但随着时间的推移,其影响会逐渐减弱。

③ 分析市场需求

在每个经营季度内,不同市场区域的销售渠道会呈现多样化的市场需求,涵盖各种消费群体。所有模拟企业都可以通过这些渠道向消费者销售产品。消费者会根据个人需求和其他因素从众多企业中选择某家企业的产品。有时,市场需求可能会超出某些企业的供应能力,导致部分消费需求暂时无法得到满足。这些未满足的需求可能会在未来的经营季度中继续寻找合适的产品。如果一个市场区域内大量消费者的需求持续得不到满足,该市场的总需求增长可能会逐渐放缓。

(6) 销售部

销售部的主要职责是制订公司各季度销售任务计划并促成销售计划的完成。

销售部的决策任务:① 根据公司市场开发规划招募销售人员;② 根据各地区业务发展安排销售人员;③ 根据各地区竞争情况制定产品售价。

企业的销售部门与市场部门是企业营销的两大基本职能部门,如果说市场部是解决市场对企业产品的需求问题,那销售部主要是解决市场能不能买到产品的问题。

销售部的操作主界面如图 5.2.13 所示。

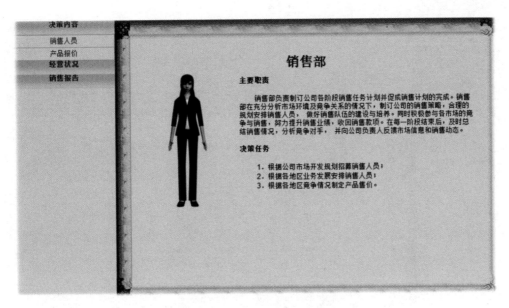

图 5.2.13 "销售部"主界面

在每个经营季度,已完成开发的销售渠道会收到来自不同消费群体的多个市场订单,每家企业都可以对这些订单进行报价。每个订单包含以下要素:资质要求、购买量、回款周期、最高承受价。如果订单不能按量完全交付,模拟企业需要支付订单违约金。订单违约金的计算公式为:

$$订单违约金 = (未交付订单数量 \times 该订单最高限价) \times 订单违约金比例$$

(7) 总经理

总经理是企业日常管理的最高负责人,他的主要职责是全面主持公司的日常经营管理工作,并对所承担的工作全面负责。

总经理的决策任务:主要是协调做好团队成员的分工与合作。

总经理的操作主界面如图 5.2.14 所示。

总经理点击已完成的所有决策,提交讲师客户端。

(8) 订单交付

完成报价后,进行订单交付。订单交付后,模拟系统根据得到的订单进行发货。

订单交付完毕后,则本季度经营接近尾声,最后一步的工作为进行本季度末和下个季度初的数据计算,为下个季度的经营做好准备。

图 5.2.14 "总经理"主界面

(9) 季度数据计算

季度数据计算分两步,一步是计算本经营季度末的数据,另一步是计算下个经营季度初的数据。

计算本经营季度末的相关数据,主要进行以下操作(按先后顺序排列):

- 支付产品制造费用;
- 支付管理人员工资和五险;
- 更新设备搬迁;
- 更新设备升级;
- 更新厂房出售、设备出售;
- 更新生产工人培训;
- 扣除生产工人未签订合同罚金;
- 扣除销售人员未签订合同罚金;
- 扣除基本行政管理费用;
- 辞退生产工人;
- 辞退销售人员;
- 出售生产设备;
- 出售厂房或厂房退租;

- 检查并扣除管理人员未签订合同罚金；
- 检查并扣除未交货订单违约金；
- 归还银行贷款；
- 办理紧急贷款。

计算下个经营季度初的相关数据，主要进行以下操作（按先后顺序排列）：

- 检查上季度未分配和未完成交付的订单数，并转移到当前季度；
- 支付企业注册费用（于第一季度扣除）；
- 计算企业应收账款，并收取；
- 计算企业应付账款，并支付；
- 扣除上季度增值税、城市维护建设税、所得税、教育费附加、地方教育附加；
- 扣除办公室租金；
- 更新原料到货状态；
- 更新预付账款状态；
- 办理紧急贷款。

4. 综合表现

综合表现的计算公式为：

$$综合表现 = 盈利表现 + 财务表现 + 市场表现 + 投资表现 + 成长表现$$

综合表现的基准分数为100分。一家模拟企业的综合表现达到所有模拟企业综合表现的平均值，则得分为100分；若该企业低于平均值，则得分低于100分，最低得分为0分；如该企业高于平均值，则得分高于100分，最高得分为基准分数的2倍，即200分。

各项权重分别为：盈利表现权重30分，财务表现权重30分，市场表现权重20分，投资表现权重10分，成长表现权重10分。

若一家企业某项表现达到所有企业该项表现的平均值，则得分为该项的权重分数；若该企业低于所有企业该项表现的平均值，则得分低于该项权重分数，最低得分为0分；若该企业高于所有企业该项表现的平均值，则得分高于该项权重分数，最高得分为该项权重分数的2倍。

（1）盈利表现

盈利表现的计算公式为：

$$盈利表现 = \frac{本企业所有者权益}{所有企业所有者权益的平均数} \times 盈利表现权重$$

盈利表现最低为 0 分,最高为 60 分。

(2) 财务表现

财务表现的计算公式为:

$$财务表现 = \frac{本企业财务综合评价}{所有企业财务综合评价的平均数} \times 财务表现权重$$

财务表现最低为 0 分,最高为 60 分。

(3) 市场表现

市场表现的计算公式为:

$$市场表现 = \frac{本企业累计已交付的订货量}{所有企业累计已交付的订货量的平均数} \times 市场表现权重$$

市场表现最低为 0 分,最高为 40 分。

(4) 投资表现

投资表现的计算公式为:

$$投资表现 = \frac{本企业未来投资}{所有企业未来投资的平均数} \times 投资表现权重$$

$$未来投资 = 累计产品研发投入 + 累计认证投入 + 累计市场开发投入 + \sum \frac{每个厂房和生产线的原值}{相应的购买经营季度数}$$

投资表现最低为 0 分,最高为 20 分。

(5) 成长表现

成长表现的计算公式为:

$$成长表现 = \frac{本企业累计销售收入}{所有企业累计销售收入的平均数} \times 成长表现权重$$

成长表现最低为 0 分,最高为 20 分。

5.2.2 模拟实战操作

经过初步的学习和操作,你已经熟悉了基本的经营规则,并且你的团队已成功组建了一家企业。为了更深入地理解创新和创业的核心要素,并提升自己的能力和素质,我们应该通过实践中的学习和体验来不断加深自己的感悟。

所有团队都将参与为期八个季度的模拟经营。在每个经营季度中,每个团队将面临多项企业经营决策任务。团队成员需要针对每一项任务进行深入的分析和讨论，最终制定出企业的经营策略，并将决策结果输入模拟经营系统中。

让你的团队在这个过程中展示自己的智慧与能力吧！

1. 第一季度经营管理

第一季度是战略布局的关键时期，本季度的经营情况将对未来的经营管理产生深远影响。请各经营团队着眼全局，制定自己的经营战略和战术，完成第一季度的经营任务。第一季度的经营过程可参考表5.2.11，各个团队请根据企业模拟经营的具体情况进行填写。以后七个季度的经营过程同样参考表5.2.11。

表 5.2.11 经营过程一览表

步骤	部门	主要决策	具体经营情况	完成情况
1	总经理	制订本季度战略计划		
2	财务部	（1）银行贷款 （2）账款贴现		
3	技术部	（1）产品设计 （2）产品研发		
4	生产制造部	（1）原料采购 （2）厂房购置 （3）设备购置 （4）资质认证		
5	市场部	（1）市场开发 （2）广告宣传		
6	人力资源部	（1）招聘工人 （2）招聘销售人员 （3）签订合同		
7	生产制造部	（1）工人调整 （2）工人计划培训 （3）工人计划辞退 （4）投料生产		

经营过程一览表

续表

序号	部门	主要决策	具体经营情况	完成情况
8	销售部	(1) 销售人员调整 (2) 销售人员计划培训 (3) 销售人员计划辞退 (4) 产品报价		
9	人力资源部	(1) 员工培训 (2) 解除合同		
10	总经理	已完成当前任务所有决策		
11	生产制造部	(1) 订单交付 (2) 其他		

本季度的模拟经营已经结束,一起看看你的企业的经营成果吧!评分标准详见"综合表现"(第 183 页)部分的内容。

请将你的企业在本季度的经营表现填入表 5.2.12。以后每个季度的模拟经营结束后,都请填写此表。

表 5.2.12 经营表现一览表

类　别	本季度得分	本季度排名
盈利表现		
财务表现		
市场表现		
投资表现		
成长表现		
综合表现		

请谈一谈你的企业在本季度经营管理中出现的问题,并提出改进的措施。

综合:　　　(问题) _____

　　　　　　(措施) _____

财务管理方面：（问题）_____
　　　　　　　（措施）_____
市场营销方面：（问题）_____
　　　　　　　（措施）_____
设计研发方面：（问题）_____
　　　　　　　（措施）_____
生产制造方面：（问题）_____
　　　　　　　（措施）_____
人力资源方面：（问题）_____
　　　　　　　（措施）_____

2. 第二季度至第八季度的经营管理

第二季度至第八季度的经营过程与第一季度基本相同，但每个经营团队在不同季度遇到的问题可能会有差别。

（1）第二季度经营管理

经过第一季度的经营活动，各企业的经营状况有所变化。各个经营团队需要记录并分析关键的经营数据，对比自身与其他企业的表现，以此制定本季度的经营策略。

（2）第三季度经营管理

随着经营环境变得更加复杂，需要分析的数据增多，各个经营团队应进行有效的分工合作，精心制定本季度的经营策略。

（3）第四季度经营管理

在本季度，各企业的经营业绩差异开始显著。各个经营团队需要对越来越多的数据进行分析，找到经营决策中的失误。这些失误是调整本企业经营策略的重要依据。各个经营团队应认真仔细地分析当前的经营状况，重新制定本季度的经营策略。

（4）第五季度经营管理

各企业的经营战略在本季度通常进入较为稳定的实施阶段，此时经营战略的效果将更加明显。

（5）第六季度经营管理

在本季度，各个经营团队将感受到资质认证等因素对产品销售的影响越来越大，这些因素将从多个角度影响经营决策。

（6）第七季度经营管理

在本季度，各个经营团队将更加深刻地体会到企业经营是一项复杂的系统工程，它没有标准答案或最优解，各项决策将考验经营者的智慧和决断力。

（7）第八季度经营管理

在本季度，各个经营团队需仔细分析自己在本次模拟经营竞争中的位次，根据当前经营态势，制定下一步的经营策略，完成最后一个季度的经营管理。

请每个经营团队在开始每个季度的模拟经营前，填写表5.2.11；在完成每个季度的模拟经营后填写表5.2.12，并且根据本季度的经营情况，指出企业在经营中存在的问题，提出改进的措施。

在全部的模拟经营活动结束后，每个团队应该认真回顾从第一季度到第八季度的重要业务决策，这包括竞争战略、产能配置、市场营销策略以及财务支持等方面。通过这一过程，每个团队可以更好地理解各个竞争对手的成功或失败的原因，以及自己的企业在这一竞争过程中的得失。

请填写以下内容，反思你们团队的表现和战略执行成效：

- 你的企业设定的目标是否实现？

- 实现了/未实现目标的主要原因是什么？

- 与竞争对手相比，你们的最大优势和劣势是什么？

- 在八个季度的经营过程中，团队成员表现如何？

5.3 ■ 创新创业再思考

伟大的教育家孔子曾经说过："学而不思则罔，思而不学则殆。"这句话强调了思考在个人和职业成长中的重要性。企业经营沙盘模拟不仅是一场竞赛，更是一种体验式的互动学习方法。通过角色扮演、决策分析和竞争合作，企业经营沙盘模拟提升了实战氛围，增强了学生的操作能力，并使学生能够身临其境地体验市场竞争的激烈与残酷。此外，学生还可以体验到承担经营责任的重要性，感受市场环境变化的影响，以及如何权衡企业的利弊和资源配置。重要的是，学生应在模拟经营结束后进行深刻的思考和总结，找到自己成功或失败的原因。通过不断的实践和反思，学生可以提升自己的知识和技能，达到个人成长的最大化。此外，学生应该跳出课程的局限，从更高的视角思考企业管理的复杂性。

同时，我们还需要站在当前时代和现实的前沿，重新思考创新和创业。创新不仅是商业成功的关键，也是应对快速变化环境的必备能力。企业和个人必须持续地探索新的方法和策略，以维持自身的竞争力。

> **想一想**
>
> 请根据你在企业模拟经营过程中的经历和成果，深入研究相关的知识和技能要求，并结合自己的专业背景和个人兴趣，分析自己在哪些方面拥有竞争优势，以及在哪些方面需要进一步的提升。

5.3.1　理解创新与创业

1. 创新

理解"创新"的真正内涵和重要性是激发创造性思维的关键。创新不仅仅涉及新技术或新发明的产生，它更广泛地代表一种思维方式，一种勇于挑战现状、寻找更佳解决方案的精神，这种精神可以在各个领域中找到体现。

在现代社会，创新已成为推动经济和社会发展的重要动力。只有通过持续的创新，我们才能保持竞争力并推动社会向前发展。尽管创新的重要性已被广泛认识，如何实现创新仍是一个挑战。

创新并不只是科学家和工程师的事情,每个人都可以成为创新者,创新的机会无处不在——无论是改进工作流程、提高效率,还是探索解决问题的新方法,这些都是创新的体现。

2. 创业

创业是指个人或团队发现市场机会,并通过组织资源来创建新企业或启动新项目以抓住这些机会的行为。这一过程包括从构思商业想法到建立并经营一家盈利企业的所有步骤,充满了不确定性和挑战。创业是推动经济发展的主要动力,能够创造就业机会,促进竞争,并推动技术进步。对个人而言,创业是实现自我价值、寻求独立和自由的一条路径。成功的创业者通常能够获得物质和精神上的双重回报。

尽管创业之路充满困难,但通过掌握正确的方法和态度,每个人都有可能成功。成功的关键在于持续学习、适应变化,并从错误中吸取教训。

3. 大学生自主创业现状

随着教育改革和创新理念的普及,越来越多的年轻人开始尝试创业。在我国,对大学生自主创业的支持力度逐年增强,政府已出台一系列优惠政策和扶持措施,如提供创业基金、减免税收、简化注册手续等,为大学生创业提供了有力的支持。许多高校也设立了创业孵化中心,提供创业指导和资源对接,进一步降低了创业门槛。

然而,大学生的创业之路并非一帆风顺。第一,资金短缺是许多大学生创业者面临的首要问题。尽管有国家政策的支持,但对于许多初创企业来说,融资渠道仍然相对有限。银行贷款难、天使投资不足等问题常常制约了项目的发展。第二,缺乏实战经验也是一个突出问题。很多大学生虽然有一定的理论知识,但在实际经营中会遇到种种挑战,如市场调研不足、商业模式不成熟、团队管理经验欠缺等。随着互联网技术的迅猛发展,市场上涌现出大量创新型企业,竞争更加激烈。

想要推动这一领域健康发展,不仅需要政策层面的持续优化和教育体系的进一步完善,大学生本身也应积极面对挑战,勇于创新,为实现创业梦想不懈努力。

5.3.2 开启创新思维

创新思维是指在面对问题和挑战时，能够突破传统思维模式，产生新颖、独特且具有实际价值的想法。这种思维方式通常表现为高度的开放性和好奇心，不受传统规范的限制，并擅长从不同角度审视问题，寻找新的解决方案。创新思维还具有跨界融合的特征，能在不同领域之间建立联系，从而催生全新的创意。

1. 突破思维定式

思维定式通常阻碍我们深入探究问题的本质。例如，很多人可能默认现状会持续到未来，而忽略了潜在的变数和新的可能性。摆脱这种固有思维框架，可以帮助我们在变化中寻找新机会。

如何突破思维定式呢？这需要采取一系列策略和方法：

（1）培养好奇心：对周围世界保持好奇，追求深入了解事物背后的原因。

（2）构建多元团队：汇集不同背景、经验和专业知识的团队成员，可以通过多角度合作激发新的创意火花。

（3）学习跨领域知识：将不同领域的知识和方法融入我们的工作中，通常能带来意想不到的效果。

（4）定期自我反思：定期回顾和审视自己的思维模式和工作方法，确保足够的创新性，帮助我们走出舒适区，重新审视和调整我们的思维习惯。

2. 养成创新思维

（1）逆向思维：当大多数人选择一条路时，逆向思维者会尝试相反的方向，打破常规，激发不同寻常的创意。

（2）侧向思维：在现有思路上横向扩展，通过借鉴其他领域的成功经验来获取新的视角和启发。

（3）求异思维：在众多相似方案中寻找差异性，强调个性和独特性，挖掘被忽视的可能性。

（4）类比思维：通过比喻或类比来理解复杂概念，使抽象问题具体化，便于理解和处理。

（5）集中思维：聚焦问题本质，深入分析，集中精力解决关键问题。

（6）发散思维：鼓励拓宽思维范围，自由联想，探索多种可能性，有助于发现创新点子。

（7）联想思维：通过关联不同事物产生新思想，将看似无关的信息结合起来，创造出新的意义和价值。

（8）互联网思维：这是适应数字时代的一种创新思考方式，它强调快速迭代、用户至上和开放共享。互联网思维能够更有效地利用网络资源，迅速响应市场变化，构建起更加灵活和开放的创新生态。

（9）设计思维：将设计的原则和方法应用到解决问题的过程中，强调跨学科合作、快速原型制作和用户测试，以更好地满足用户需求和市场需求。

以上九种创新思维方式，各有其特点，相互影响，相互作用，相互补充。在实际应用中，我们应根据具体情况灵活运用这些思维方式，不断激发创新潜能。

知识拓展

看高铁如何成为中国制造的金字招牌

科技日新月异，正改变着人们的衣食住行。在中国，高铁已经成为不可缺少的交通方式。发展至今，我国已经成为全球高速铁路系统技术最全、集成能力最强、经营里程最长、运行速度最高、在建规模最大的国家。同时，凭借技术先进、安全可靠、兼容性强和性价比高的综合优势，中国高铁"走出去"的项目遍及亚洲、欧洲、美洲和非洲，雅万高铁、中老铁路、中泰铁路、匈塞铁路等一批重点项目顺利推进，高铁俨然晋升为"中国制造"的金字招牌！

从"和谐号"到"复兴号"，中国高铁一再刷新国内甚至世界高铁技术的纪录。中国高铁的发展史也是"中国制造"发展进程的轨迹。

1. "和谐号"问世，中国高铁实现从无到有

2007年，CRH和谐号动车组列车正式投入运营，自此中国铁路开启了高速牵引的时代。CRH和谐号动车组列车的成功运营，不仅极大地改变了国人的出行方式，也让中国成为除日本、俄罗斯、法国、西班牙等国家外，少数能够自主研制时速380公里动车组的国家之一。

"和谐号"的问世，使得中国高铁实现了从无到有的转变。"和谐号"的成功不仅预示着中国自主创新取得了巨大成果，还彰显了"中国制造"从粗放型管理模式向精细型管理模式转变的决心和自信。

2. 研发五年，"复兴号"引领中国高铁迈入智能化时代

2017年，中国标准动车组被正式命名为"复兴号"，并在京沪高铁正式双向首发。从"和谐号"到"复兴号"，中国高铁再上新台阶！

面对现今智能制造的大趋势,"复兴号"采用了 ATO 技术。作为无人驾驶的核心技术,ATO 车载设备会根据实时位置计算出控制速度曲线,自动控制列车的加减速、停车、开车门等。这一突破性的进步,不仅是我国高速铁路智能化的重要标志,也对保持我国高速铁路列控技术的国际先进水平有重要的意义。

凭借高度安全和舒适性的巨大优势,高铁已经成为国人出行首要选择的交通方式。同时,加上在众多国家成功建设的项目,中国高铁已经成为一张国家名片,让更多国家了解到,"中国制造"不再是以性价比著称,而是已经向以技术突破、高效率、优质转型。"复兴号"的成功只是"中国制造"转型的开始,相信未来"made in china"会成为我们引以为豪的标志之一。

5.3.3 创业机会与风险识别

在科技日新月异和市场环境不断变化的当今世界,新的创业机会层出不穷。要抓住这些机会,首先需要深刻洞察市场需求,市场需求是创业的基石,只有识别到真正存在的需求,才能开发出有价值的产品或服务。

1. 识别、评估创业机会

(1) 充分的市场调研:综合考虑市场规模、增长速度、客户群体及其消费习惯等因素,判断潜在的市场空间。

(2) 产品或服务的竞争力分析:评估产品或服务是否具有核心竞争力,如独特的技术优势、卓越的用户体验或难以复制的商业模式。存在明显优势的创业机会具有更大的吸引力。

(3) 财务预测和投资回报:对创业企业的未来收益进行预测,涵盖收入、成本、现金流等多个财务模型预测。

(4) 团队背景和能力评估:优秀的创业团队应具备强大的执行力、丰富的行业经验和互补的技能。仔细评估团队成员的背景和协作能力,可以预测项目的执行效率和成功率。

(5) 法律风险和合规性考量:创业企业在发展过程中可能会面对各种法律风险,如知识产权保护、合同法律风险、行业监管合规等。创业团队应提前做好准备,以避免未来出现不必要的麻烦。

(6) 市场进入策略和长期发展规划:清晰的市场进入计划和长远的发展目标是

必不可少的，包括市场定位、品牌建设、营销推广和扩张策略等。详细的行动计划展示了创业项目的成长潜力和可持续发展能力。

2. 识别、防范创业风险

创业固然充满机遇，但风险同样存在。全面分析创业环境，评估可能的风险，对做出明智决策至关重要。

（1）市场风险：面对市场需求的不确定性，创业者需进行全面而深入的市场调研，了解目标客户的真实需求，并据此优化产品设计或服务方案，建立灵活的市场应对机制以应对市场变动。

（2）资金问题：资金短缺可能阻碍项目发展或导致财务危机。维持充足的经营资金和合理的财务结构，通过多渠道筹资（如银行贷款、政府补助、天使投资等），是解决资金问题的关键。

（3）政策法规的变化：创业者需密切关注政策变动，积极争取政策支持，并迅速适应新规则。

（4）竞争对手的策略变化：在竞争激烈的市场中，对手可能通过价格战、技术创新或营销策略等手段抢夺市场份额。创业者可建立竞争情报系统，及时了解对手动态，制定差异化竞争策略。

此外，内部管理不善、技术更新滞后等因素也可能威胁创业项目的稳定发展。因此，建立健全的内部管理体系和持续的技术更新机制是预防这些风险的必要措施。

5.3.4 获取创业经营资源

创业项目能否成功往往取决于创业者如何整合和利用可用资源。在所有资源中，政策、技术、人力和资金是支撑创业项目稳健发展的四大基石。

1. 政策资源

政府对创业和创新持积极态度，并已推出一系列扶持政策，这些政策包括财税优惠、创业培训、法律咨询等多方面的支持。例如，一些地方政府为吸引创业者，可能提供租金补贴或税收减免等优惠措施。此外，各类创业比赛和孵化器也为初创企业提供了丰富的资源。了解并有效利用这些政策资源可以显著降低创业成本并加速企业成长。

2. 技术资源

技术是推动企业成长的关键动力。科技的快速进步带来了新技术，这些技术为创业打开了广阔的可能性。从互联网技术的便捷性到大数据的分析能力，再到人工智能的创新应用，技术资源已成为提升企业效率、优化产品和拓展市场的重要工具。紧跟技术发展趋势并合理利用技术资源是保持企业竞争力和持续创新的关键。与高校和研究机构的合作也是获取先进技术的有效途径。

3. 人力资源

人力是企业经营的核心。拥有一个专业且高效的团队可以使创业项目迅速响应市场变化并抓住机遇。合理的招聘策略、完善的培训体系和积极的企业文化是吸引和留住人才的关键。创业者还需关注团队的多样性和创新能力，这对于适应不断变化的市场环境至关重要。

4. 资金资源

资金是企业生存和发展的命脉。无论是初始期的启动资本还是扩展期的投资，充足的资金流都是不可或缺的。传统的融资方式包括自筹资金、银行贷款和股权融资。近年来，随着风险投资和天使投资者的兴起，创业者拥有了更多资金来源的选择。同时，众筹平台的出现为创业者提供了一种新的筹资方式，允许他们利用大众的力量来支持创业计划。

5.3.5　参与创新创业大赛

创新创业大赛通常由学校、企业或政府主办，旨在激励青年学子发挥创新思维，提出具有市场潜力和社会价值的商业计划。这不仅是一个展示创新能力的平台，也是学生学习如何组织团队、撰写商业计划书以及进行项目展示的重要机会。

1. 创新创业大赛的作用、挑战及备赛

参与创新创业大赛，对大学生而言，不仅是一次自我能力的检验，更是实现自我价值和社会贡献的有效途径。这是一个全方位提升个人素质的过程，提供了一个展现自我、实现梦想的舞台。对于那些怀揣梦想、勇于创新的大学生，这是一个让大学生活更加丰富多彩的机会，同时也为未来的职业道路积累了宝贵的经验。

但是，参加创新创业大赛也面临的着众多挑战，它主要包括：

（1）创意的挑战：好的创意应新颖且可行，具有市场前景。这要求学生具备敏锐的市场洞察力和创新意识。

（2）团队组建的调整：一个多元化的团队可以带来多角度的视野和解决方案，但同时也考验学生的领导力和团队管理能力。

（3）项目呈现的挑战：有效地向评委和观众展示自己的项目，需要的不仅是一份详尽的计划书，还包括出色的口头表达能力和演讲技巧。

针对这些挑战，大学生们应该如何应对呢？

（1）持续关注市场动态和技术发展，不断拓宽自己的知识面，提高行业敏感度。

（2）积极参与工作坊、讲座和实践活动，提升自己的实操能力。

（3）培养团队合作精神，尊重每位成员的贡献，学会倾听他人意见。

（4）不断练习公众演讲和答辩技巧，增强自信，提高说服力。

2. 大学生创新创业相关大赛介绍

（1）中国国际大学生创新大赛（原中国"互联网+"大学生创新创业大赛）

中国"互联网+"大学生创新创业大赛首次举办于2014年，大赛由教育部、中央统战部、国家发改委等主办，每年4月至10月举办，2023年更名为"中国国际大学生创新大赛"。大赛的主要内容包括撰写商业计划书、制作项目汇报PPT、制作财务报表、市场营销、产品分析等。大赛旨在深化高等教育综合改革，激发大学生的创造力，培养造就"大众创业、万众创新"的主力军，推动赛事成果转化，促进"互联网+"新业态形成；以创新引领创业、创业带动就业，推动高校毕业生更高质量创业就业。

（2）"挑战杯"全国大学生课外学术科技作品竞赛

"挑战杯"全国大学生课外学术科技作品竞赛是由共青团中央、中国科协、教育部和全国学联共同主办的全国性的大学生课外学术实践竞赛。它在中国共有两个并列项目，一个是"挑战杯"中国大学生创业计划竞赛，另一个是"挑战杯"全国大学生课外学术科技作品竞赛。这两个项目的全国竞赛交叉轮流开展，每个项目每两年举办一届。

"挑战杯"中国大学生创业计划竞赛，又称商业计划竞赛。该竞赛借用风险投资的运作模式，要求参赛者组成优势互补的竞赛小组，提出一项具有市场前景的技术、产品或者服务，并围绕这一技术、产品或服务，以获得风险投资为目的，完成一份完整、具体、深入的创业计划。

"挑战杯"全国大学生课外学术科技作品竞赛自1989年首届竞赛举办以来，始终坚持"崇尚科学、追求真知、勤奋学习、锐意创新、迎接挑战"的宗旨，在促进青年创新人才成长、深化高校素质教育、推动经济社会发展等方面发挥了积极作用，在广大高校乃至社会上产生了广泛而良好的影响，被誉为当代大学生科技创新的"奥林匹克"盛会。

知识拓展

中国古代的五大商帮

中国古代的商帮是中国经济史上一种重要的商业组织形式，其形成和发展贯穿了中国古代经济社会的多个方面。中国历史上的五大商帮通常指的是晋商、徽商、浙商、鲁商和粤商，它们各自具有特点和历史贡献。

1. 晋商

晋商主要是指明清时期的山西商人，以盐业、茶叶、票号等贸易为主，其中票号尤为出名。晋商以其资金雄厚、活动范围广阔而著称，驼帮、船帮和票号是其商业活动的三大支柱。晋商的票号，尤其是"日昇昌"票号，更是在近代历史上显赫一时，被誉为"汇通天下"。

2. 徽商

徽商以经营盐、典当、茶、木材等为主。徽商在明代达到鼎盛，其商业网络遍布全国，徽商老字号如张小泉剪刀、胡庆余堂等至今仍享有盛誉。徽商以"贾而好儒"著称，深受儒家文化的影响。

3. 浙商

浙商泛指浙江籍的商人和实业家，包括湖州、绍兴、温州、台州和义乌等地的商人群体。浙商在明清时期商品经济发达的江浙地区兴起，以和气、共赢、低调、敢闯为特点。宁波商人是浙商中的杰出代表。

4. 鲁商

鲁商是明清时期山东的商业群体，以"德为本，义为先、义致利"的商业思想闻名。鲁商的经营方式多样，包括"前店后坊"的模式，周村等地的鲁商在商贸中心的发展中发挥了重要作用。

5. 粤商

粤商崛起于明清时期，主要从事贸易和运输。广东的地理优势和与海外的密切联系为粤商的发展提供了条件。粤商在广州十三行等地的对外贸易中占据重要地位，并随着海外移民的高潮而进一步发展，成为我国近代最大的商帮之一。

习　题

1. SRRC 认证的总周期为（　　）个经营季度。
   A. 1　　　　　B. 2　　　　　C. 3　　　　　D. 4
2. 业务员经过一次培训后，其销售能力将在原有基础上提升（　　）。
   A. 3%　　　　B. 5%　　　　C. 10%　　　　D. 15%
3. 租厂房和购买厂房，这两种策略各有哪些利弊？
4. 各类生产线如何进行配置效果最佳？
5. 市场表现和成长表现之间存在什么关系？
6. 资金紧张是企业经营过程中遇到的普遍问题。模拟企业应如何运用各类融资渠道进行资金分配？

参 考 文 献

［1］ 刘平. 金蝶企业经营沙盘模拟实训手册［M］. 沈阳：东北财经大学出版社，2015.

［2］ 何万能. 用友 ERP 沙盘模拟实训［M］. 北京：人民邮电出版社，2014.

［3］ 胡凌. ERP 生产供应链管理实践教程（金蝶 K/3 版）［M］. 北京：人民邮电出版社，2014.

［4］ 吴金椿，张明. 生产运作管理仿真综合实习教程［M］. 北京：经济科学出版社，2010.

［5］ 李志. 企业设立［M］. 北京：高等教育出版社，2015.

［6］ 王新玲，郑文昭，马雪文. ERP 沙盘模拟高级指导教程［M］. 3版. 北京：清华大学出版社，2014.

［7］ 刘新华，徐秀艺. 高职经管类专业人才培养模式研究［M］. 北京：化学工业出版社，2015.

［8］ 赵志群. 职业教育工学结合一体化课程开发指南［M］. 北京：清华大学出版社，2009.

［9］ 孟凡超. 如何充分挖掘企业经营管理沙盘模拟教学效果［J］. 商场现代化，2013（7）：135—136.